32. SINCLAIR-HAUS-GESPRÄCH

Freiheit – Sicherheit – Gleichheit. Perspektiven für unsere Gesellschaft

HERAUSGEGEBEN IM AUFTRAG
DER HERBERT QUANDT-STIFTUNG
VON CHRISTOF EICHERT
UNTER MITARBEIT VON STEPHANIE HOHN

HERDER
FREIBURG · BASEL · WIEN

Inhalt

04 **Editorial**
Von Christof Eichert

08 **Wegweisung**
Von Susanne Klatten

I. Empirische Grundlagen

12 Freiheit und bürgerschaftliches Engagement
Ergebnisse der aktuellen Allensbach-Studie
Von Thomas Petersen

II. Auf der Suche nach Sicherheit und Freiheit
Historische Stationen – politische Einsichten

36 Die Bundesrepublik Deutschland als Freiheits- oder als Sicherheitsgesellschaft?
Historische Prozesse und gegenwärtige Problemlagen
Von Eckart Conze

III. Freiheit? Gleichheit? Brüderlichkeit?
Was zählt im Deutschland
des 21. Jahrhundert?

48 Freiheit? Gleichheit? Brüderlichkeit?
Haben die »alten« sozialdemokratischen Konzepte noch eine Chance
in einer globalisierten Bundesrepublik?
Von Thomas Oppermann

61 Die Zukunft der Bürgergesellschaft
Welchen Beitrag können Bürgerstiftungen leisten?
Von Udo Di Fabio

68 Google in staatlicher Hand?
Roman Weigand im Gespräch mit Fiona Fritz und Julia Kühl

IV. Freiheit und politischer Liberalismus

76 Der unternehmerische Mensch
Oder: Quo vadis politischer Liberalismus?
Von Volker Wissing

81 Freiheit – die Botschaft wird gebraucht
Erwartungen an einen echten Liberalismus
Von Reinhard Müller

V. Chancen und Grenzen der freien Marktwirtschaft

86 Märkte zwischen Freiheit und Regulierung
Neue Herausforderungen für das Zusammenspiel von Markt und Staat
Von Martin Reitz

94 Must the Big Game really go on?
Kapitalmarktregulierung aus Gewerkschaftssicht
Von Uwe Foullong

VI. Eliten zwischen Freiheit und Verantwortung

106 Verantwortungseliten
Der Ausgleich zwischen Freiheit, Sicherheit und Gleichheit aus politischer und religiöser Sicht
Von Wolfgang Huber

»Überforderung durch Freiheit?«

113 Thomas Gauly im Gespräch mit Annette Kämmerer

Anhang

121 Biografien der Autoren
130 Teilnehmer
132 Sinclair-Haus-Gespräche

Hintergrund

135 Die Herbert Quandt-Stiftung und Sinclair-Haus-Gespräche

137 **Bildnachweis**

138 **Impressum**

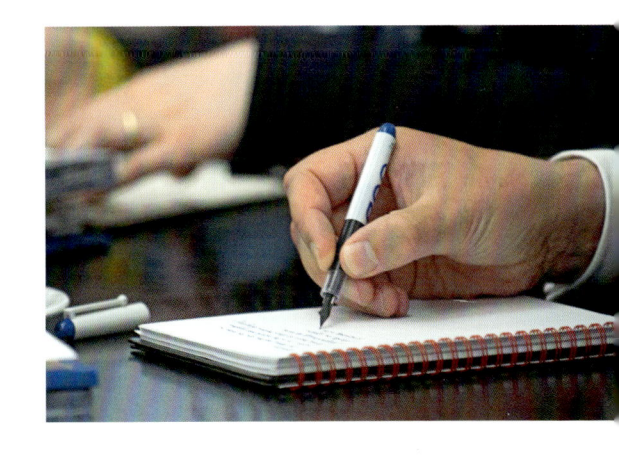

Editorial

VON CHRISTOF EICHERT

1. Vorbemerkung

Freiheit – Die Faszination dieses schillernden, durchaus unbestimmten Begriffs erschließt sich rasch. Obwohl in seiner Deutung so unbestimmt und vielen Auslegungen zugänglich, ist dieser Ruf »Freiheit« aus tausenden Kehlen vor und auf brennenden Barrikaden weltweit der Begriff schlechthin, der Selbstbestimmung gegen Tyrannei und Auflehnung gegen Unterdrückung signalisiert.

Ein starkes Bild ist der Christenheit wohl vertraut: der biblische Auszug der Kinder Israels aus der Sklaverei in Ägypten. Heute sind es die Menschen in Kairo, in Damaskus, aber auch in Moskau, die auf die Straße gehen und ihre Freiheit einfordern. Heute sind es die Menschen aus Nordafrika, die in völlig überfüllten Nussschalen über das Mittelmeer an vermeintlich sichere Gestade fliehen. Was eint die Menschen, die nach Freiheit rufen? Welche Werte tragen sie in sich, die so stark sind, dass sie über die Angst obsiegen, bei Demonstrationen oder Flucht verletzt, verhaftet oder gar getötet zu werden?

Eine weitere, gänzlich andere Dimension des Begriffs zeigt die Frage, wie viel Freiheit ein souveräner Staat unter Rettungsschirmen anderer Staaten in akuter Finanznot noch hat. Was bleibt zwischen Finanz-Spekulanten, Rating-Agenturen und Finanz-Kommissaren noch übrig an Souveränität eines Staates und damit zugleich seiner Bürger? Wogegen kann ein Wähler sich wehren, was bewirkt seine Parlamentswahl-Stimme zum Beispiel in Griechenland gegen die Vorgaben der Brüsseler Rettungsschirme?

Eine dritte Dimension ist die Frage nach der Freiheit in Zeiten des *Web 2.0*. Die Schimäre eines Netzes, das maximale Kommunikation und Freiheit verspricht, ist längst entlarvt: Das Internet ist vor allem ein zutiefst ökonomisches Instrument zum Geldverdienen. Die Preisgabe individueller Daten etwa bei *Facebook* oder *Google* ist die Basis eines gigantischen Geschäftsmodells, das den einzelnen Menschen benutzt, obwohl er glaubt, frei zu sein. Man muss die Frage nach der Freiheit umdrehen: was bleibt an individueller Freiheit, wenn sich das *Web 2.0* weiterentwickelt? Ist die wahre Freiheit der Knopf zum Abschalten oder das Dasein als digitaler Eremit?

2. Zum Fokus dieses Bandes

Aus der großen Breite der Möglichkeiten war der Herbert Quandt-Stiftung ein Aspekt besonders wichtig, der sich aus dem Auftrag der Stiftungssatzung ergibt: Was ist die Haltung des Einzelnen, der sich in einer Gesellschaft engagieren möchte, welche Werte sind für ihn besonders leitend und welche Prioritäten gelten für diese Haltung, wenn es Konkurrenzen gibt zwischen dem Wunsch nach Gleichheit und dem nach Sicherheit?[1]

Diese Trias »Freiheit – Sicherheit – Gleichheit« beschäftigte die »alte« Bundesrepublik seit ihren Anfängen. In der vormaligen DDR brach sich die »Friedliche Revolution« nach Jahrzehnten der Unterdrückung durch das SED-Regime ihre Bahn und setzte ein in der deutschen und auch internationalen Geschichte einzigartiges Zeichen eines Willens zur Freiheit, der die Menschen in der alten Bundesrepublik im Herbst 1989 zunächst verblüffte, dann aber doch begeisterte.

Heute stehen wir vor neuen Fragen in einer Welt nach der Finanz- und mitten in der Euro-Krise. Es spricht dennoch vieles dafür, dass zwanzig Jahre nach der Wende das Verhältnis von Freiheit, Sicherheit und Gleichheit nicht nur in Ost und West, sondern auch in unterschiedlichen sozialen Schichten beziehungsweise Milieus höchst unterschiedlich beantwortet wird. Dabei werden international ausgebildete und gut vernetzte Wirtschaftseliten einen anderen Akzent setzen als arbeitslose Mitbürger in sozial schwachen Milieus ohne große Perspektive. Persönliche und gesellschaftliche Freiheitsverständnisse stehen also im Fokus, ebenso wie individuelle und kollektive Dimensionen des Gleichheits- und des Sicherheitsbegriffs.

Wenn das Verständnis über die individuelle und kollektive Freiheit in den verschiedenen sozialen Schichten in Deutschland sehr unterschiedlich ist, dann fehlt es an einer zentralen Verständigung über den Kern unserer Gesellschaft. Muss man dann pessimistisch von einer geringeren Solidarität in der Gesellschaft ausgehen? Oder wird diese Solidarität nur noch in kleinen sozialen Gruppierungen gelebt – nicht aber mehr in der Gesellschaft als Ganzes?

---

[1] Will, Oliver: »Haltung. Kooperationskompetenz in Gesellschaft, Wirtschaft und Staat im 21. Jahrhundert.« In: Herbert Quandt-Stiftung (Hg.): Gedanken zur Zukunft 22. Bad Homburg 2012.

v. l. Christof Eichert und Udo Di Fabio

Auch das Verhältnis von Gleichheit und Freiheit, zwei weiteren grundlegenden Tugenden einer Demokratie, ist davon berührt. Doch wie soll unsere Gesellschaft in Zukunft eine Balance zwischen beiden Aspekten herstellen, wie belastbar ist unsere Gesellschaft, wenn sie alle Menschen gleich behandeln und ihnen freie Entfaltung ihrer Persönlichkeit gewähren will? Ohne ein ausgewogenes Verhältnis von Freiheit und Sicherheit sowie Gleichheit wird sich Deutschland nicht weiterentwickeln, sondern vielmehr stagnieren. Das gilt vor allem für die Wirtschaft, die als soziale Marktwirtschaft ein hohes Maß an Freiheit braucht. Die Finanzkrise zeigt aber deutlich, dass der Markt allein eben doch nicht alle Lösungen für die von ihm selbst verursachten Probleme leisten kann. So stellt sich erneut und mit großer Dringlichkeit die Frage des Verhältnisses von Staat und Markt beziehungsweise erneut von Sicherheit und Freiheit. Die Verhältnisbestimmung von Freiheit – Sicherheit – Gleichheit ist eine alte Fragestellung, die sich jedoch stets neu artikuliert und die jede Generation eigenständig beantworten muss. Die Verunsicherungen der letzten Jahre legen die Dringlichkeit einer erneuten Diskussion nahe.

Zum zweiten Mal haben wir mit dem Institut für Demoskopie Allensbach vor dem Sinclair-Haus-Gespräch eine repräsentative Befragung durchgeführt. Bei solch zentralen Begriffen sind nicht nur grundsätzliche Vorträge und Debatten wichtig, sondern auch die Einschätzung der Gesellschaft selbst. Dabei entfalten Begriffe ihre Bedeutung erst richtig, wenn sie in Kontrast und Spannung zu anderen Begriffen erfasst werden. Freiheit – Sicherheit – Gleichheit war unser Ansatz für die Befragung. Dr. Thomas Petersen vom Institut für Demoskopie Allensbach hat die Meinungen erhoben und kommentiert, seine Ergebnisse sind unter dem Titel »Freiheit und bürgerschaftliches Engagement« von der Herbert Quandt-Stiftung Anfang Mai 2012 publiziert worden.[2]

Das Sinclair-Haus-Gespräch 2012 hat vor dem Hintergrund dieser Ergebnisse diese grundsätzlichen Fragen analysiert, Erwartungen für eine zukünftige Entwicklung in Deutschland ausgelotet sowie Handlungsoptionen für eine selbstbewusste und verantwortliche Bürgergesellschaft formuliert.

3. Ausblick

Im Jahr 1993 fand das erste Sinclair-Haus-Gespräch statt und begründete damit das heutige Themenfeld »Bürger und Gesellschaft«. Im Jahr 2013 werden wir zwanzig Jahre dieser wichtigen Gesprächsreihe feiern können. Das dann 33. Sinclair-Haus-Gespräch wird sich voraussichtlich mit einem Thema im Kontext der beiden Begriffe »Bürger und Gesellschaft« beschäftigen, die unsere aktuellen Projekte bestimmen. Dass sie und insbesondere auch der Begriff »Freiheit« zugleich die zentralen Anliegen des neuen Bundespräsidenten Joachim Gauck sind, erfüllt uns mit Freude und Genugtuung.

---

[2] Petersen, Thomas: »Freiheit und bürgerschaftliches Engagement. Ergebnisse einer Repräsentativumfrage im Auftrag der Herbert Quandt-Stiftung.« Herbert Quandt-Stiftung (Hg.): Gedanken zur Zukunft 23. Bad Homburg 2012.

Wegweisung

VON SUSANNE KLATTEN

Mit dem diesjährigen Sinclair-Haus-Gespräch beschließt die Herbert Quandt-Stiftung einen dreijährigen thematischen Zyklus. Er ist dem Verhältnis von »Vertrauen – Autorität – Freiheit« gewidmet und soll die Frage klären helfen, worauf in Zeiten der Krise noch Verlass ist.

Der Stiftungsrat der Herbert Quandt-Stiftung hat diese Fragestellung im Kontext der weltweiten Finanzkrise 2008 entworfen. Der globale Einschnitt erschien uns dramatisch, und es war klar, dass er schwerwiegende Folgen für Wirtschaft, Staat und Gesellschaft haben würde. Dass wir aber inmitten einer großen europäischen Krise die letzte der drei Konferenzen abhalten, war zum damaligen Zeitpunkt nicht abzusehen.

Es erscheint gerade deshalb sinnvoll, wenn wir den letzten Begriff – nämlich: »Freiheit« – nicht isoliert, sondern eingebettet betrachten in seinem Verhältnis zu Sicherheit und Gleichheit, die ebenfalls bestimmende Konzepte in der Geschichte der Bundesrepublik und besonders auch Europas sind. Das Streben nach Sicherheit ist dabei ein Grundmotiv der deutschen Nachkriegsgeschichte. Zur Gleichheit oder zu dem damit untrennbar verbundenen Begriff Gerechtigkeit gibt es in unserem Land allerdings völlig unterschiedliche Vorstellungen.

In der vormaligen DDR brachte die friedliche Revolution von 1989 den Sturz des SED-Regimes und setzte ein in der deutschen Geschichte einmaliges Zeichen eines Freiheitsbewusstseins der Bürger gegenüber ihrem diktatorischen Staat – eine historische Leistung, die noch immer zu wenig im kollektiven Bewusstsein und Gedächtnis der Bundesrepublik in ihrer neuen Form verankert ist.

Es spricht vieles dafür, dass wir im wiedervereinigten Deutschland kein einheitliches Freiheitsverständnis, kein einheitliches Sicherheitsbedürfnis und schon gar kein gemeinsames Konzept von Gleichheit und Gerechtigkeit haben, nicht nur im Unterschied zwischen Ost und West. Das liegt sicher auch an der Haltung, dem Temperament, der Lebenserfahrung sowie der Mentalität des Einzelnen oder seines Umfelds. Es mag an Einkommensverhältnissen liegen und sozialen Aufstiegschancen. Die einen wollen frei ihre individuelle Vorstellung umsetzen, ein Unternehmen aufbauen, expandieren, innovative Arbeits- und Wirtschaftsfelder besetzen, sich künstlerisch oder intellektuell zu neuen Höhen aufschwingen. Andere Menschen, vielleicht mit begrenzten Entscheidungsspielräumen, fühlen sich von einem sehr weiten Freiheitsverständnis abgeschreckt und suchen eher nach Sicherheit und Gleichheit, die der Staat gewährleisten soll.

Wie gehen wir mit solchen unterschiedlichen Haltungen um? Wie können wir unterschiedliche Menschen fair und gerecht behandeln und wie lässt sich Chancengerechtigkeit realisieren? Und wie kann man Solidarität und Zusammenhalt in der Gesellschaft gewährleisten, wenn es in den verschiedenen Milieus und Generationen sehr unterschiedliche Einstellungen zum Dreiklang von Freiheit, Sicherheit und Gleichheit gibt?

Auf alle diese Fragen versuchen die Autoren dieses Bandes eine Antwort zu geben. Das Sinclair-Haus-Gespräch hat stets seine Stärken darin bewiesen, sich in vertrauter Runde auf die Suche nach den richtigen Fragen zu begeben. Denn nur die richtigen Fragen können uns auch zu sinnvollen Lösungen führen, auch wenn diese bei einem solch großen Thema nicht unmittelbar zu erwarten sind.

Pausengespräche – Blick in den Innenhof des Sinclair-Hauses in Bad Homburg

I. Empirische Grundlagen

Freiheit und bürgerschaftliches Engagement

Ergebnisse der aktuellen Allensbach-Studie

VON THOMAS PETERSEN

Ein aufmerksamer Beobachter öffentlicher Diskussionen wird meist mit Vorsicht reagieren, wenn bei einer Textüberschrift, einem Vortragstitel oder einem politischen Slogan Begriffe aneinandergereiht werden, die als Schlagworte für Themen von großer Bedeutung stehen, aber ohne nähere Erläuterung beliebig sind und vor allem als Aneinanderreihung keinen Sinn ergeben. In Loriots Filmkomödie »Ödipussi« treffen sich ältere, offensichtlich ziemlich humorlose Herren zu einer Vereinssitzung und verkünden mit einem an große Wichtigkeit gemahnenden Tonfall, sie möchten die Begriffe »Frau« und »Umwelt« in den Karnevalsgedanken einführen.[3]

Folgerichtig sollte auch die Information misstrauisch machen, dass die Repräsentativumfrage, deren Ergebnisse im Folgenden in groben Zügen erläutert werden sollen, dem Zusammenhang zwischen Freiheit, der europäischen Krise und bürgerschaftlichem Engagement gewidmet ist.[4] Zu sehr wirkt diese Aufzählung wie eine beliebige Aneinanderreihung von Begriffen, ausgewählt in der Hoffnung, dass wenigstens einer davon die Aufmerksamkeit des Publikums wecken wird. Sie klingt kaum besser als das Anliegen, die Begriffe »Frau« und »Umwelt« in den Karnevalsgedanken einzubringen.

Und doch sind die drei Begriffe mit Bedacht gewählt worden, wobei, wie sich zeigen wird, die europäische Krise ein wenig in den Hintergrund rückt. Denn sie dient nur als aktueller Anlass, vor dessen Hintergrund der Zusammenhang zwischen Freiheit und bürgerschaftlichem Engagement beleuchtet wird. Dieser wie-

---

[3] Loriot: Loriots Ödipussi. Zürich 1988. S. 28.
[4] Siehe dazu umfassend: Petersen, Thomas: »»Freiheit und bürgerschaftliches Engagement. Ergebnisse einer Repräsentativumfrage im Auftrag der Herbert Quandt-Stiftung.« Herbert Quandt-Stiftung (Hg.): Gedanken zur Zukunft 23. Bad Homburg 2012.

derum ist für eine Demokratie von großer Bedeutung und dennoch bisher kaum untersucht worden.

Es gibt Anzeichen dafür, dass die deutsche Gesellschaft einer Debatte zum Thema Freiheit regelrecht entwöhnt ist. Nachdem Joachim Gauck am 19. Februar 2012 zum Kandidaten für das Amt des Bundespräsidenten nominiert worden war, meldeten sich in den folgenden Wochen zunehmend kritische Stimmen in der Öffentlichkeit zu Wort, die beklagten, dass der Kandidat zu viel über Freiheit spreche. Eine vergleichbare Kritik erscheint in den meisten anderen demokratischen Ländern kaum vorstellbar. Gauck selbst hat in einem kürzlich erschienenen Büchlein mit dem Titel »Freiheit. Ein Plädoyer« beschrieben, wie sehr man sich in Deutschland isoliert, wenn man sich mit dem Thema Freiheit beschäftigt, ohne sich sofort zu beeilen zu betonen, dass soziale Sicherheit und Gleichheit ebenfalls bedeutende Dinge seien. »Ich bin in diesem Land viel unterwegs«, heißt es dort, »und nicht selten beschleicht mich dabei das Gefühl, einer gewissen Minderheit anzugehören. Nicht etwa, weil ich aus Mecklenburg komme. Das ist es nicht, was dieses Minderheitengefühl erzeugt. Es ist vielmehr meine tiefe Überzeugung, dass Freiheit das Allerwichtigste im Zusammenleben ist und erst Freiheit unserer Gesellschaft Kultur, Substanz und Inhalt verleiht.«[5]

Der Gedanke, dass Freiheit der Gesellschaft Kultur, Substanz und Inhalt verleihe, dürfte vielen Menschen befremdlich erscheinen. Doch die vergleichsweise wenigen Untersuchungen zu diesem Thema, die bisher vorliegen, zeigen deutlich, dass es für die Entwicklung einer Gesellschaft in der Tat von entscheidender Bedeutung ist, welchen Stellenwert sie dem Wert der Freiheit beimisst. Diese Feststellung bezieht sich nicht nur auf die bekannten internationalen Indices der wirtschaftlichen Freiheit, wie sie jährlich vom kanadischen *Fraser-Institut* und der amerikanischen *Heritage Foundation* herausgegeben werden, und die Jahr für Jahr belegen, dass entgegen verbreiteter Annahmen Länder mit großer wirtschaftlicher Freiheit nicht nur die größere Wirtschaftsleistung erbringen, sondern auch den relativ ärmeren Bevölkerungsschichten bessere Lebensbedingungen bieten als Länder mit einer stark regulierten Wirtschaft.[6] Darüber hinaus lässt sich nämlich ebenfalls zeigen, dass ein subjektiv empfundenes hohes Maß an Freiheit wesentlich zur Lebenszufriedenheit

---

[5] Gauck, Joachim: Freiheit. Ein Plädoyer. München 2012. S. 5-6.
[6] Vgl. hierzu Gwartney, James/Hall, Joshua/Lawson, Robert: Economic Freedom of the World. 2010 Annual Report. Fraser Institute.Vancouver 2010. S. 17-19; Miller, Terry/Holmes, Kim R./Feulner, Edwin J.: Highlights of the 2012 Index of Economic Freedom. Promoting Economic Opportunity and Prosperity. The Heritage Foundation. Washington 2012.

beiträgt, mutmaßlich sogar mehr als die Höhe des Einkommens.[7] Das subjektive Freiheitsgefühl ist außerdem eng verbunden mit dem Vertrauen in andere Menschen.[8] Vertrauen in andere Menschen wiederum ist eine wichtige Voraussetzung dafür, dass man sich in einer Gemeinschaft engagiert. Die freiwillige Aktivität und Kreativität der Bürger aber ist eine wesentliche Voraussetzung dafür, dass ein Gemeinwesen zusammenhält, sich kulturell und letztlich auch sozial entwickelt. Mit dieser Wirkungskette vor Augen erkennt man, warum es keineswegs abwegig ist, die beiden Themenkomplexe Freiheit und bürgerschaftliches Engagement zusammenzuführen und ihre gegenseitigen Abhängigkeiten zu untersuchen.

1. Der gesellschaftliche Stellenwert der Freiheit

Der Begriff Freiheit ist so schillernd und vieldeutig, in der Öffentlichkeit so heftig umkämpft, wird mit immer wieder neuen Bedeutungen aufgeladen, dass man nicht selten erleben kann, dass Personen, die sich über diesen Gegenstand unterhalten, aneinander vorbeireden ohne es zu merken, weil jeder mit dem Begriff Freiheit ganz unterschiedliche Dinge verbindet. Es kann hier nicht lückenlos und detailliert die Geschichte des Freiheitsbegriffs nachgezeichnet werden, doch zum Verständnis des Folgenden ist es nötig, die wichtigsten Bedeutungen zu unterscheiden, die in der öffentlichen Diskussion eine Rolle spielen.[9]

- Die erste Bedeutung von Freiheit, die im Rahmen der vorliegenden Untersuchung Beachtung verdient, ist die Vorstellung, Freiheit sei in erster Linie die Freiheit vor sozialer Not. Es handelt sich dabei um eine vergleichsweise neue Deutung des Begriffs, die im 19. Jahrhundert wenn vielleicht auch nicht gänzlich unbekannt, so aber doch kaum geläufig war. Es spricht einiges dafür, dass sie erst mit dem Aufkommen der Arbeiterbewegung Ende des 19. Jahrhunderts und in der Zeit der kollektivistischen Diktaturen im 20. Jahrhundert an Bedeutung gewann.

---

[7] Institut für Demoskopie Allensbach: Das »Easterlin-Paradox«. Befunde einer Repräsentativumfrage über den Zusammenhang zwischen materiellem Wohlstand und Lebenszufriedenheit. Oktober 2009. Allensbacher Archiv, IfD-Bericht Nr. 7465; Binswanger, Mathias (u.a.): Zufrieden trotz sinkenden materiellen Wohlstands. Memorandum der Arbeitsgruppe »Zufriedenheit« des Ameranger Disputs der Ernst Freiberger Stiftung. Bonn (o. V.) 2010. S. 15; Vgl. auch Petersen, Thomas/Mayer, Tilman: Der Wert der Freiheit. Deutschland vor einem neuen Wertewandel? Freiburg 2005. S. 81-95; McCutcheon, Allan L.: Economic Growth and the Human Condition. Vortrag, gehalten auf der Jahrestagung der World Association for Public Opinion Research (WAPOR). Lausanne, 11.-13. September 2009.

[8] Petersen, Thomas: Autorität in Deutschland. Eine Studie des Instituts für Demoskopie Allensbach. Herbert Quandt-Stiftung (Hg.). Gedanken zur Zukunft 20. Bad Homburg 2011. S. 90.

[9] Für ausführlichere Darstellungen zu diesem Thema siehe: Petersen/Mayer: Der Wert der Freiheit. S. 33-55; Petersen, Thomas: »Die Einstellung der Deutschen zum Wert der Freiheit.« In: John Stuart Mill Institut für Freiheitsforschung (Hg.): Freiheitsindex Deutschland 2011. Humanitas Online. Frankfurt am Main 2012.

- Man kann die Vorstellung, Freiheit sei die Freiheit vor sozialer Not und anderen denkbaren Lebensrisiken, mit gutem Grund als eine Verkehrung des Begriffs in das Gegenteil seiner ursprünglichen Bedeutung auffassen, doch für die sozialwissenschaftliche Analyse ist dies nachrangig. Will man wissen, was Menschen meinen, wenn sie den Begriff Freiheit verwenden, muss man diese Dimension berücksichtigen.
- Die zweite verbreitete Bedeutung des Wortes Freiheit lässt sich mit dem Schlagwort *Libertinage* umschreiben. Hier wird das Begriffsverständnis von der Vorstellung geprägt, Freiheit bedeute die Möglichkeit zu tun und zu lassen, was man will, durch keine Regeln und Normen begrenzt und im Extremfall ohne Rücksicht auf Dritte und ohne Verantwortung für die Folgen des eigenen Handels übernehmen zu müssen.
- Drittens schließlich kann Freiheit verstanden werden als die Möglichkeit des Einzelnen, über das eigene Leben selbst zu bestimmen, aktiv den Erfolg im Leben zu suchen, Chancen zu ergreifen, für die Folgen der eigenen Lebensentscheidungen aber dann auch die Verantwortung zu übernehmen. Diese Freiheit bietet dem Einzelnen nicht nur Chancen, sondern sie verlangt von ihm auch Aktivität und Anstrengung.

Ziel des modernen Rechtsstaats: Freiheit von sozialer Not

Welches der drei Freiheitskonzepte dominiert die Vorstellungen der Bevölkerung? Um dies in der Umfrage prüfen zu können, wurden die drei wichtigsten Freiheitsvorstellungen mit einfachen Worten umschrieben und den Befragten auf Karten gedruckt zur Auswahl vorgelegt. Dazu wurde die Frage gestellt: »Was bedeutet Freiheit für Sie? Könnten Sie mir sagen, auf welcher dieser drei Karten am besten ausgedrückt ist, was Freiheit für Sie bedeutet?« »Freiheit bedeutet, frei zu sein von sozialer Not, frei von Armut, Obdachlosigkeit und Arbeitslosigkeit«, meinten daraufhin 24 Prozent der Befragten. 29 Prozent entschieden sich für die Aussage »Freiheit bedeutet, das tun zu können, was einem gefällt, dass man reisen kann, wohin man will, dass man leben kann, wie man möchte«. Eine klare relative Mehrheit von 45 Prozent dagegen wählte die Karte mit der Aufschrift: »Freiheit bedeutet, frei in seinen Entscheidungen zu sein, aber auch für diese Entscheidungen die Verantwortung zu übernehmen« (Tabelle 1). Dementsprechend kann man auch annehmen, dass immer

Tabelle 1

Was bedeutet Freiheit?

FRAGE: „Was bedeutet Freiheit für Sie? Könnten Sie mir sagen, auf welcher dieser drei Karten am besten ausgedrückt ist, was Freiheit für Sie bedeutet?"

	Bevölkerung insgesamt %	West-deutschland %	Ost-deutschland %
Freiheit bedeutet, frei zu sein von sozialer Not, frei von Armut, Obdachlosigkeit und Arbeitslosigkeit	24	22	36
Freiheit bedeutet, das tun zu können, was einem gefällt, dass man reisen kann, wohin man will, dass man leben kann, wie man möchte	29	31	20
Freiheit bedeutet, frei in seinen Entscheidungen zu sein, aber auch für diese Entscheidungen die Verantwortung zu übernehmen	45	45	42
Keine Angabe	2	2	2
	100	100	100
n =	905	597	308

Basis: Bundesrepublik Deutschland, Bevölkerung ab 16 Jahre
Quelle: Allensbacher Archiv, IfD-Umfrage 10086 (Februar 2012)

dann, wenn bei anderen demoskopischen Fragestellungen von Freiheit die Rede ist, die Antworten hauptsächlich von diesem Freiheitsverständnis geleitet werden.

Dabei genießt die Freiheit auf abstrakter Ebene großes Ansehen. Wenn man die Bevölkerung jedoch mit konkreten Situationen konfrontiert, in denen eine Entscheidung zugunsten der Freiheit oder zugunsten eines konkurrierenden Ziels gefällt werden kann, entscheiden sich bemerkenswert viele Deutsche gegen die Freiheit.

Eine besondere Rolle spielt in diesem Zusammenhang der Wettbewerb zwischen Freiheit und Gleichheit, letztere nicht verstanden im Sinne von Chancengleichheit, sondern als das politische Ziel einer möglichst gleichen Verteilung von Wohlstand und Einkommen.

Das Institut für Demoskopie Allensbach dokumentiert seit vielen Jahren den Konflikt zwischen diesen beiden gesellschaftlichen Zielen mit einer sogenannten Dialogfrage. Hierzu wird den Befragten ein Bildblatt überreicht, das zwei Personen im Schattenriss zeigt. Beiden ist, wie in einem Comic, eine Sprachblase zugeordnet. Die eine Person sagt: »Ich finde Freiheit und möglichst große Gleichheit, soziale Gerechtigkeit eigentlich beide gleich wichtig. Aber wenn ich mich für eines davon entscheiden müsste, wäre mir die persönliche Freiheit am wichtigsten, dass also jeder in Freiheit leben und sich ungehindert entfalten kann.« Die Gegenposition lautet: »Sicher sind Freiheit und möglichst große Gleichheit, soziale Gerechtigkeit gleich wichtig. Aber wenn ich mich für eines davon entscheiden müsste, fände ich eine möglichst große Gleichheit am wichtigsten, dass also niemand benachteiligt ist und die sozialen Unterschiede nicht so groß sind.« Die Frage zu dem Bildblatt lautet: »Hier unterhalten sich zwei, was letzten Endes wohl wichtiger ist, Freiheit oder möglichst große Gleichheit, soziale Gerechtigkeit – wenn Sie das bitte einmal lesen. Welcher von beiden sagt eher das, was auch Sie denken?«

In Westdeutschland überwiegt bei dieser Frage die Zahl derjenigen, die im Zweifel der Freiheit den Vorzug geben. In den neuen Bundesländern spricht sich dagegen eine klare Mehrheit für die Gleichheit aus. Fügt man die Ergebnisse aus Ost- und Westdeutschland zu einem gesamtdeutschen Bild zusammen, dann erkennt man, wie knapp das Rennen zwischen den Werten der Freiheit und der als soziale Gerechtigkeit verstandenen Gleichheit ist: Mal wird das eine, mal das andere Ziel von einer knappen Mehrheit bevorzugt. Von einer so klaren Grundsatzentscheidung, wie sie in der oben zitierten Aussage von Joachim Gauck erkennbar wird, Freiheit sei das Allerwichtigste für das Zusammenleben der Menschen, ist die deutsche Bevölkerung weit entfernt (Grafik 1).

Grafik 1

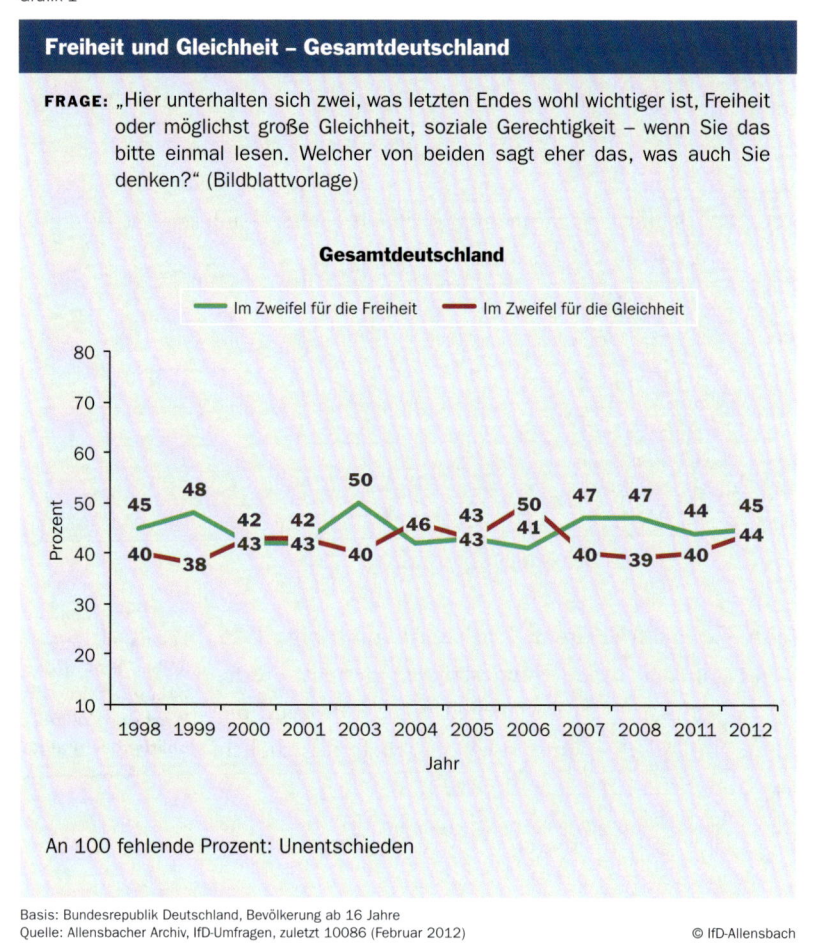

Freiheit und Gleichheit – Gesamtdeutschland

FRAGE: „Hier unterhalten sich zwei, was letzten Endes wohl wichtiger ist, Freiheit oder möglichst große Gleichheit, soziale Gerechtigkeit – wenn Sie das bitte einmal lesen. Welcher von beiden sagt eher das, was auch Sie denken?" (Bildblattvorlage)

Gesamtdeutschland

— Im Zweifel für die Freiheit   — Im Zweifel für die Gleichheit

Jahr	Im Zweifel für die Freiheit	Im Zweifel für die Gleichheit
1998	45	40
1999	48	38
2000	42	43
2001	42	43
2003	50	40
2004	46	43
2005	43	43
2006	41	50
2007	47	40
2008	47	39
2011	44	40
2012	45	44

An 100 fehlende Prozent: Unentschieden

Basis: Bundesrepublik Deutschland, Bevölkerung ab 16 Jahre
Quelle: Allensbacher Archiv, IfD-Umfragen, zuletzt 10086 (Februar 2012)   © IfD-Allensbach

Dennoch scheint sich das gesellschaftliche Klima in jüngster Zeit zugunsten der Freiheit zu verschieben. Das vielleicht eindrucksvollste Beispiel hierfür bietet die folgende Frage, die seit dem Jahr 1955 wiederholt in Westdeutschland, seit 1996 auch in Ostdeutschland gestellt wurde: »Zwei Männer unterhalten sich über das Leben. Der eine sagt: ›Jeder ist seines Glückes Schmied. Wer sich heute wirklich anstrengt, der kann es auch zu etwas bringen.‹ Der andere sagt: ›Tatsächlich ist es so, dass die einen oben sind, und die anderen sind unten und kommen bei den heutigen Verhältnissen auch nicht hoch, so sehr sie sich auch anstrengen.‹ Was würden Sie persönlich sagen: Wer von beiden hat eher recht, der erste oder der zweite?«

Die Frage ist, wenn man die Einstellung der Bevölkerung zum Thema Freiheit untersuchen will, von besonderer Bedeutung, weil sie, ohne den schillernden und, wie gesehen, vieldeutigen Begriff Freiheit zu gebrauchen, die Grundhaltung anspricht, die die Voraussetzung dafür ist, dass jemand den Wert der Freiheit befürwortet: Nur wer annimmt, dass die meisten Menschen in der Lage sind, ihr Leben selbst in die Hand zu nehmen und mit eigenen Kräften zum Erfolg zu bringen, wird auch den Wert der Freiheit als politisches und gesellschaftliches Leitprinzip befürworten können. Wer dagegen davon überzeugt ist, dass die meisten Menschen ihren äußeren Lebensumständen unentrinnbar ausgeliefert sind, wird auf Freiheit nicht viel Wert legen und stattdessen starke Eingriffe des Staates in das Leben der Menschen befürworten, die – nach dieser Vorstellung – in der Regel nicht in der Lage wären, sich selbst zu helfen.

In der alten Bundesrepublik war seit den 1950er Jahren stets eine deutliche Mehrheit davon überzeugt, dass die meisten Menschen in der Lage sind, ihr Leben selbst in die Hand zu nehmen: »Jeder ist seines Glückes Schmied«, sagten im Jahr 1955 53 Prozent der Westdeutschen. In den 1960er und 1970er Jahren stieg der Wert sogar auf über 60 Prozent, um in der folgenden Zeit auf etwas unter 50 Prozent zu sinken. Doch umgekehrt erreichte der Anteil derer, die sich für die Aussage »Die einen sind oben, die anderen unten« entschieden, zu keinem Zeitpunkt die 40-Prozent-Marke. Als die Frage 1996 zum ersten Mal in den neuen Bundesländern gestellt wurde, meinte dort dagegen eine klare Mehrheit von 54 Prozent, die Menschen seien ihren Lebensumständen ausgeliefert. Lediglich 28 Prozent glaubten, dass jeder »seines Glückes Schmied« sei. Heute dagegen besteht Gleichstand zwischen den beiden Positionen. Jeweils 42 Prozent sagen »Jeder ist seines Glückes Schmid« und »Die einen sind oben, die anderen unten«. Der Unterschied zu den alten Bundesländern hat sich erheblich verringert (Grafik 2).

> Nur wer annimmt, dass die Menschen in der Lage sind, ihr Leben selbst in die Hand zu nehmen, wird den Wert der Freiheit als politisches und gesellschaftliches Leitprinzip befürworten können.

Vor allem aber zeigt sich, dass heute die junge Generation der Unterdreißigjährigen häufiger als ältere Befragte sagt, jeder sei seines Glückes Schmied. Dieser Generationenunterschied ist relativ neu: In den fast fünf Jahrzehnten zwischen 1955 und 2003 war es in Westdeutschland stets umgekehrt.[10] Erst in den jüngsten Umfragen des Allensbacher Instituts zeigt sich die junge Generation freiheitsorientierter als die ältere, wobei der Unterschied in den neuen Bundesländern besonders auffällig ist. Hier hatte er sich auch bereits im Jahr 2003, also früher als im Westen angedeutet.[11] Während in Ostdeutschland auch heute noch eine relative Mehrheit von 44 Prozent der Dreißigjährigen und älteren Befragten der Ansicht »Die einen sind oben, die

---

[10] Petersen/Mayer: Der Wert der Freiheit. S. 122.
[11] Ebd. S. 119.

Grafik 2

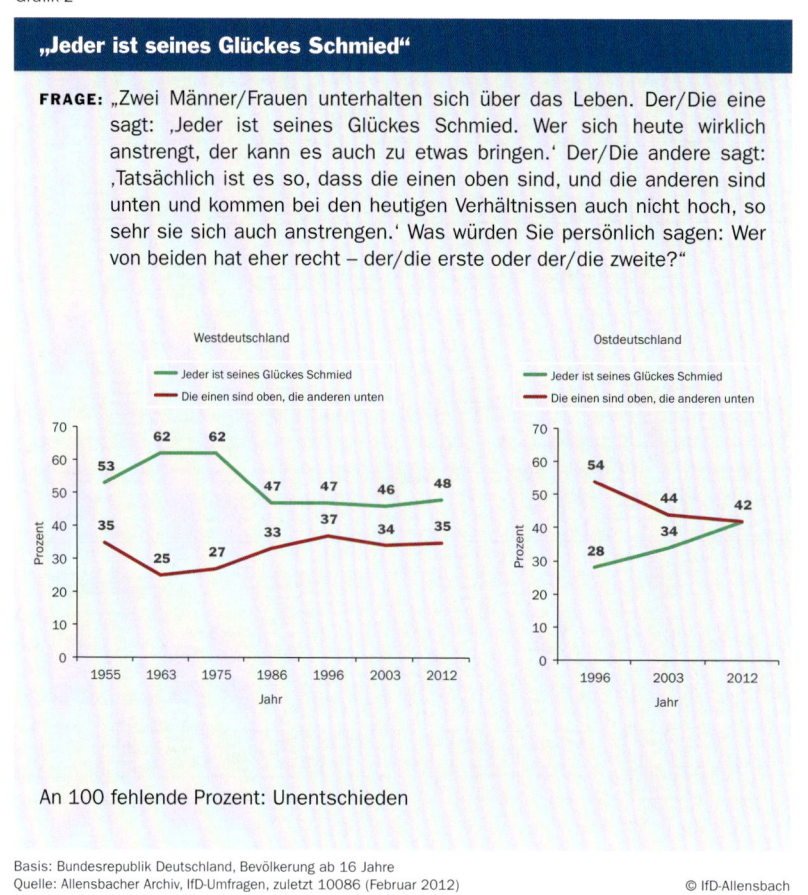

„Jeder ist seines Glückes Schmied"

FRAGE: „Zwei Männer/Frauen unterhalten sich über das Leben. Der/Die eine sagt: ‚Jeder ist seines Glückes Schmied. Wer sich heute wirklich anstrengt, der kann es auch zu etwas bringen.' Der/Die andere sagt: ‚Tatsächlich ist es so, dass die einen oben sind, und die anderen sind unten und kommen bei den heutigen Verhältnissen auch nicht hoch, so sehr sie sich auch anstrengen.' Was würden Sie persönlich sagen: Wer von beiden hat eher recht – der/die erste oder der/die zweite?"

Westdeutschland

— Jeder ist seines Glückes Schmied
— Die einen sind oben, die anderen unten

Jahr	Jeder ist seines Glückes Schmied	Die einen sind oben, die anderen unten
1955	53	35
1963	62	25
1975	62	27
1986	47	33
1996	47	37
2003	46	34
2012	48	35

Ostdeutschland

— Jeder ist seines Glückes Schmied
— Die einen sind oben, die anderen unten

Jahr	Jeder ist seines Glückes Schmied	Die einen sind oben, die anderen unten
1996	28	54
2003	—	44
2012	42	34

An 100 fehlende Prozent: Unentschieden

Basis: Bundesrepublik Deutschland, Bevölkerung ab 16 Jahre
Quelle: Allensbacher Archiv, IfD-Umfragen, zuletzt 10086 (Februar 2012)   © IfD-Allensbach

anderen unten« zustimmt, meinen die Unterdreißigjährigen in den neuen Bundesländern nicht nur erheblich häufiger als ihre Eltern und Großeltern, sondern auch etwas häufiger als ihre westdeutschen Altersgenossen, dass jeder seines Glückes Schmied sei (Tabelle 2). Dieser Befund deutet auf gesellschaftliche Veränderungen in den neuen Bundesländern von zumindest potenziell großer Tragweite hin. Eine starke Generationenkluft in Wertefragen ist immer ein Hinweis darauf, dass sich eine Gesellschaft im Wandel befindet, wobei die Einstellungen der jungen Generation die Richtung des Wandels andeuten, denn sie werden sich in den kommenden Jahrzehnten mehr und mehr durchsetzen. Damit lassen die vorliegenden Umfrageergebnisse vermuten, dass sich das gesellschaftliche Klima in Deutschland, soweit es den Konflikt zwischen Freiheit und Gleichheit betrifft, in der absehbaren Zukunft zugunsten des Werts der Freiheit verschieben wird.

Tabelle 2

„Jeder ist seines Glückes Schmied" – Generationskluft in den neuen Ländern

FRAGE: „Zwei Männer/Frauen unterhalten sich über das Leben. Der/Die eine sagt: ‚Jeder ist seines Glückes Schmied. Wer sich heute wirklich anstrengt, der kann es auch zu etwas bringen.' Der/Die andere sagt: ‚Tatsächlich ist es so, dass die einen oben sind, und die anderen sind unten und kommen bei den heutigen Verhältnissen auch nicht hoch, so sehr sie sich auch anstrengen.' Was würden Sie persönlich sagen: Wer von beiden hat eher recht – der/die erste oder der/die zweite?"

	Westdeutschland		Ostdeutschland	
	Befragte unter 30 Jahren	Befragte ab 30 Jahren	Befragte unter 30 Jahren	Befragte ab 30 Jahren
	%	%	%	%
Jeder ist seines Glückes Schmied	52	47	56	39
Die einen sind oben, die anderen unten	30	36	34	44
Unentschieden	18	17	10	17
	100	100	100	100
n =	211	933	103	514

Basis: Bundesrepublik Deutschland, Bevölkerung ab 16 Jahre
Quelle: Allensbacher Archiv, IfD-Umfrage 10086 (Februar 2012)

2. »The Civic Culture«

Man kann annehmen, dass die Handlungs- und Entscheidungsfreiheit des Einzelnen und auch eine Orientierung der Bürger am Wert der Freiheit wichtige Voraussetzungen dafür sind, dass sich in einer Gesellschaft eine Kultur des ehrenamtlichen Engagements entwickelt, doch es kommen noch mindestens zwei weitere Bedingungen hinzu. Es muss erstens eine allgemeine Akzeptanz des Ehrenamts geben, ein gesellschaftliches Klima, in dem es als erwünscht gilt, sich ehrenamtlich zu engagieren, und es muss zweitens ein gewisses Mindestmaß an Identifikation der Bürger mit dem Gemeinwesen geben, denn warum sollten sie sich für eine Gemeinschaft engagieren, zu der sie sich nicht zugehörig fühlen? In den frühen Jahren der Bundesrepublik Deutschland war eben diese Identifikation mit dem Gemeinwesen wenig ausgeprägt. Vor etwas mehr als fünfzig Jahren, 1959, organisierten die amerikanischen Politikwissenschaftler Gabriel Almond und Sidney Verba eine äußerst aufwendige Umfrage zur politischen Kultur in fünf Ländern, nämlich den USA,

Großbritannien, Italien, Mexiko und der Bundesrepublik Deutschland, und veröffentlichten die Ergebnisse im Jahr 1963 unter dem Titel »The Civic Culture«. Die Umfrage zeigte auffällige Unterschiede in der Grundhaltung der Bevölkerungen der fünf Länder gegenüber ihrem eigenen Staatswesen. Almond und Verba glaubten drei verschiedene Gesellschaftstypen erkennen zu können:

1. Gesellschaften, in denen die Bürger nahezu keine Beziehung zu ihrem Staatswesen, den Institutionen und der Politik hatten,
2. Länder, in denen die Bürger die Rolle des passiven Konsumenten oder Untertanen annahmen, in denen sie also Leistungen oder Befehle vom Staat erwarteten, sich aber nicht für ihn mitverantwortlich oder gar zur eigenen Aktivität aufgerufen fühlten.
3. Die dritte gesellschaftliche Grundhaltung schließlich bezeichneten sie als die einer »politischen Kultur der Teilnahme«, in der die Bürger sich als aktiver Bestandteil des Gemeinwesens verstanden, sich mit dem Staat identifizierten und demokratische Grundregeln auch über Parteigrenzen hinweg respektierten.

Es wird deutlich, dass Almond und Verba die dritte Form für die am weitesten entwickelte hielten, die sie am ehesten in den USA und in Großbritannien verwirklicht sahen, während sie in der Bundesrepublik Deutschland deutliche Elemente der »Untertanenkultur« zu erkennen glaubten. Dieser Befund ist sicherlich zum Teil auf das damalige Zeitklima und die Tatsache zurückzuführen, dass die Studie aus amerikanischem Blickwinkel heraus geschrieben ist, aber nicht nur. So machten Almond und Verba in ihrer Studie der deutschen Verhältnisse eine Feindseligkeit zwischen den politischen Lagern aus, die nur wenig durch soziale Normen und Vertrauen gemildert war. Und sie beobachteten eine auffallend passive, distanzierte Haltung gegenüber dem Staatswesen, die sich auch in den damaligen Allensbacher Umfragen durchaus in ähnlicher Form zeigte.[12]

Heute, ein halbes Jahrhundert später, deutet einiges darauf hin, dass sich die deutsche Gesellschaft in den letzten fünfzig Jahren hin zu einer »Kultur der Teilnahme« bewegt hat. So hat beispielsweise die Akzeptanz demokratischer Grundprinzipien in der Bevölkerung im Laufe der Jahrzehnte zugenommen.

Eine ähnliche Entwicklung ist bei den Antworten auf die Frage »Wie ist Ihr Eindruck: Hat man als Bürger Einfluss auf das, was hier am Ort geschieht, oder ist

---

[12] Almond, Gabriel A./Verba, Sidney: The Civic Culture. Political Attitudes and Democracy in Five Nations. Princeton 1963.

Grafik 3

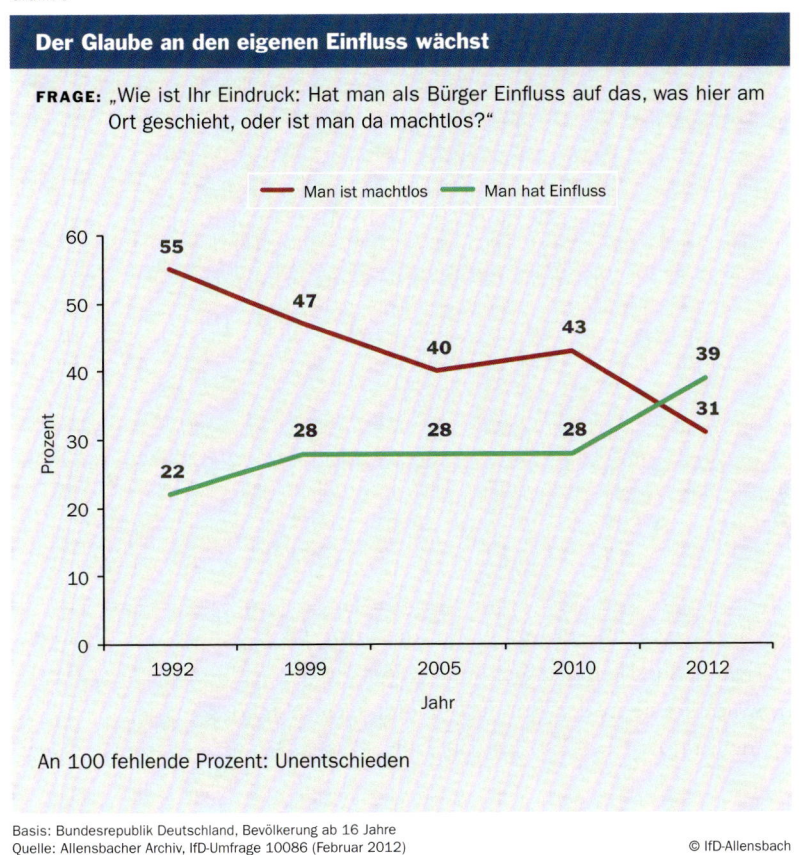

Der Glaube an den eigenen Einfluss wächst

FRAGE: „Wie ist Ihr Eindruck: Hat man als Bürger Einfluss auf das, was hier am Ort geschieht, oder ist man da machtlos?"

— Man ist machtlos   — Man hat Einfluss

Jahr	Man ist machtlos	Man hat Einfluss
1992	55	22
1999	47	28
2005	40	28
2010	43	28
2012	31	39

Prozent

An 100 fehlende Prozent: Unentschieden

Basis: Bundesrepublik Deutschland, Bevölkerung ab 16 Jahre
Quelle: Allensbacher Archiv, IfD-Umfrage 10086 (Februar 2012)   © IfD-Allensbach

man da machtlos?« zu erkennen. Seit dem Jahr 1988, als die Frage zum ersten Mal gestellt wurde, bis ins Jahr 2010 antwortete stets eine klare Mehrheit der Befragten, man sei machtlos, man habe keinen Einfluss auf die Geschehnisse am Ort. Allerdings nahm der Anteil der Befragten, die diese Ansicht vertraten, seit dem Jahr 1992 fast kontinuierlich ab. Im Jahr 2012 sagt zum ersten Mal eine – allerdings knappe – relative Mehrheit von 39 Prozent der Deutschen, man habe als Bürger durchaus Einfluss am Ort. Nur noch 31 Prozent meinen, man sei machtlos (Grafik 3). Damit, so muss man annehmen, haben sich auch die Chancen, Bürger für ehrenamtliches Engagement zu gewinnen, zumindest theoretisch verbessert.

3. Porträt der ehrenamtlich Engagierten

Angesichts der beschriebenen Langzeittrends in der gesellschaftlichen Entwicklung müsste man eigentlich annehmen, dass der Anteil derjenigen in der Bevölkerung, die ehrenamtlich tätig sind, im Laufe der Jahrzehnte deutlich zugenommen hat. Dies ist

Grafik 4

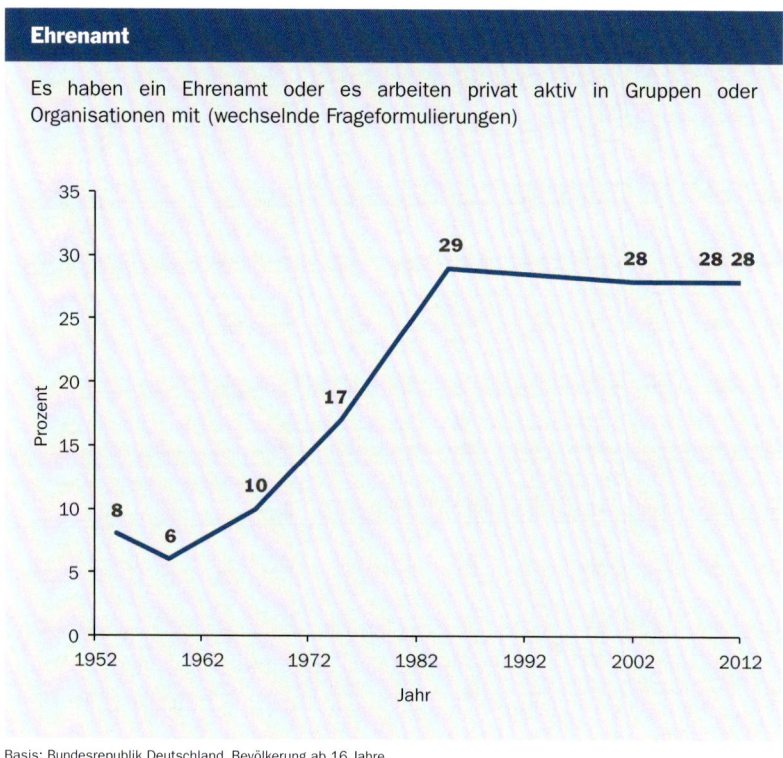

Ehrenamt

Es haben ein Ehrenamt oder es arbeiten privat aktiv in Gruppen oder Organisationen mit (wechselnde Frageformulierungen)

[Liniendiagramm: Prozent auf der y-Achse (0-35), Jahr auf der x-Achse (1952-2012). Werte: 1952: 8; 1962: 6; ca. 1967: 10; ca. 1977: 17; ca. 1987: 29; 1998: 28; 2007: 28; 2012: 28]

Basis: Bundesrepublik Deutschland, Bevölkerung ab 16 Jahre
Quelle: Allensbacher Archiv, IfD-Umfrage 10086 (Februar 2012)
© IfD-Allensbach

auch tatsächlich der Fall. Das Institut für Demoskopie Allensbach hat seit dem Jahr 1953 in seinen Repräsentativumfragen wiederholt das Ausmaß der ehrenamtlichen Tätigkeit in Deutschland ermittelt, allerdings eher sporadisch, also mit vergleichsweise großen und unterschiedlichen Zeitabständen und vor allem mit wechselnden Frageformulierungen. Die Ergebnisse dieser Umfragen sind in Grafik 4 wiedergegeben. Danach ist die Zahl der ehrenamtlich Engagierten in Deutschland seit Anfang der 1950er Jahre von unter zehn auf heute 28 Prozent gestiegen. Wegen der mehrfach veränderten Frageformulierungen muss man diesen Trend aber mit Vorsicht interpretieren. Er überzeichnet die tatsächliche Entwicklung wahrscheinlich deutlich, ist aber auch nicht allein durch Methodeneffekte zu erklären. Damit decken sich die vorliegenden Ergebnisse im Wesentlichen mit denen des Freiwilligensurveys der Bundesregierung.[13] Anders als jene Untersuchung deuten die Allensbacher Daten aber auf eine Stagnation des freiwilligen Engagements in jüngerer Zeit hin.

---

[13] Bundesministerium für Familie, Senioren, Frauen und Jugend (Hg.): Hauptbericht des Freiwilligensurveys 2009. Zivilgesellschaft, soziales Kapital und freiwilliges Engagement in Deutschland 1999-2004-2009. Berlin 2010. S. 8.

Mit Hilfe eines multivariaten Analyseverfahrens, einer Cluster-Analyse, wurden nun Gruppen von freiwillig Tätigen mit unterschiedlichen Motivstrukturen identifiziert. Insgesamt ließen sich fünf unterschiedlich große Gruppen mit einem charakteristischen Antwortverhalten beschreiben:

1. Die größte Gruppe bilden Befragte, die man als »aktive Interessierte« umschreiben könnte. Sie machen 24 Prozent aller ehrenamtlich Tätigen aus. Bei ihnen spielt der Faktor Neugierde eine wesentliche Rolle, außerdem wird das Engagement als Abwechslung vom Alltag gesucht. Auch die Einstellung, dass das bürgerschaftliche Engagement eine moralische Pflicht bedeute, ist für die Personen in dieser Gruppe eine wichtige Triebfeder. Darüber hinaus ist diese Gruppe generell außerordentlich auskunftsfreudig, nennt über die genannten dominierenden Motive hinaus oft noch weitere Beweggründe. Man bekommt den Eindruck, es mit außerordentlichen tatkräftigen, aufgeschlossenen und vielseitigen Menschen zu tun zu haben. Die Entscheidung, sich ehrenamtlich zu engagieren, liegt bei diesen Menschen letztlich in den Persönlichkeitseigenschaften begründet und weniger in weltanschaulichen Überzeugungen.

2. Wesentlich weniger vielfältig in ihren Motiven und eindeutig abgegrenzt von allen anderen Gruppen erscheinen die Befragten der Gruppe 2, auf die 17 Prozent aller ehrenamtlich Tätigen entfallen. Bei ihnen dominiert als einziges Motiv die religiöse Überzeugung. Man kann hier von einem harten Kern derjenigen sprechen, die für die kirchlichen und kirchennahen Dienstleistungen, beispielsweise im Sozialbereich, von großer Bedeutung sind. Angesichts des Umstandes, dass die religiöse Bindung der Bevölkerung seit Jahrzehnten langsam aber beharrlich schwächer wird,[14] muss man annehmen, dass diese Gruppe in Zukunft kleiner werden wird.

3. Eine Art »lustloses Engagement« scheint bei den Befragten in Gruppe 3 zu dominieren, auf die ebenfalls 17 Prozent der ehrenamtlich Engagierten entfallen. Sie zeigen sich von allen Befragten am wenigsten neugierig und fühlen sich zum Engagement auch weniger als andere moralisch berufen oder dazu, sich für ein ihnen am Herzen liegendes Ziel einzusetzen. Ihr Hauptmotiv ist, dass die ehrenamtliche Tätigkeit eine Abwechslung vom Alltag bietet. Anders als bei der ersten Gruppe, für die dieses Argument ebenfalls wichtig ist, ist hier aber nichts von einer besonderen Tatkraft zu erkennen, eher im Gegenteil: Überdurchschnittlich viele Befragte

---

[14] Petersen, Thomas: »Christentum und Politik. Die Geschichte einer schleichenden Entfremdung.« In: Hanns Seidel Stiftung (Hg.): Berichte und Studien. Erscheint 2012; vgl. auch Meulemann, Heiner: »Religiosität und Säkularisierung.« In: Datenreport 2011. Ein Sozialbericht für die Bundesrepublik Deutschland. Bundeszentrale für Politische Bildung. Bonn 2011. S. 354-367.

machen Angaben, die darauf hindeuten, dass sie sich eher widerwillig zu einer ehrenamtlichen Tätigkeit haben überreden lassen. Etwas zugespitzt könnte man sagen: Diese Menschen engagieren sich nicht um einer Sache willen, sondern weil sie in einer entscheidenden Situation nicht »nein« sagen wollten und weil es besser ist, etwas Sinnvolles zu tun als allein zuhause zu sitzen.

4. Ein »Engagement wider Willen« zeigt sich auch als Leitmotiv in der vierten Gruppe, die 20 Prozent der freiwillig Engagierten umfasst. Doch während in der Gruppe 3 der Eindruck einer gewissen Lustlosigkeit vorherrscht, scheint in Gruppe vier der Zufall eine entscheidende Rolle gespielt zu haben. Auch hier sagen auffallend viele Befragte, sie hätten sich eigentlich gegen ihren Willen zum ehrenamtlichen Engagement überreden lassen, doch der Ausgangspunkt war weniger die Suche nach Abwechslung als vielmehr Neugier. Man könnte bei dieser Gruppe von Menschen sprechen, die in das Ehrenamt gleichsam hineingestolpert sind.

5. Die letzte Gruppe schließlich, 22 Prozent aller freiwillig Tätigen, umfasst die »Überzeugungstäter«. Sie sehen mehr als jede andere Gruppe bürgerschaftliches Engagement als moralische Pflicht an. Daneben ist die Absicht, in der Gesellschaft etwas bewegen zu wollen, ein inhaltliches Ziel zu verfolgen, das einem wichtig ist, das zweite Hauptmotiv. In Grafik 5 sind die Gruppen entsprechend ihrer zahlenmäßigen Bedeutung dargestellt.

Grafik 5

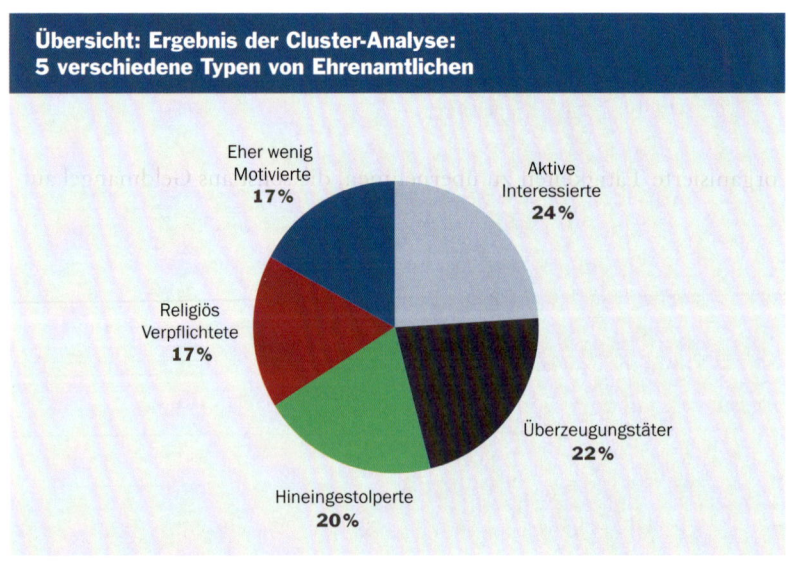

Übersicht: Ergebnis der Cluster-Analyse: 5 verschiedene Typen von Ehrenamtlichen

- Eher wenig Motivierte 17%
- Aktive Interessierte 24%
- Überzeugungstäter 22%
- Hineingestolperte 20%
- Religiös Verpflichtete 17%

Basis: Bundesrepublik Deutschland, Bevölkerung ab 16 Jahre
Quelle: Allensbacher Archiv, IfD-Umfrage 10086 (Februar 2012)   © IfD-Allensbach

Für die Entwicklung von Strategien, wie man das ehrenamtliche Engagement in Deutschland fördern könnte, sind wahrscheinlich die Gruppen 3 und 4 die interessantesten. Sie umfassen immerhin zusammengenommen mehr als ein Drittel aller Engagierten, und sie weisen nicht – oder zumindest weniger als andere – das Persönlichkeitsprofil auf, das man von ehrenamtlich engagierten Menschen erwarten würde. Aktive Interessierte, religiös verpflichtete und Überzeugungstäter werden vermutlich meistens von sich aus aktiv nach Möglichkeiten zur freiwilligen Tätigkeit suchen. Ihre Zahl lässt sich nicht beliebig vermehren. Eher wenig Motivierte und sogenannte »Hineingestolperte« sind dagegen oft Menschen, die von sich aus wahrscheinlich nicht aktiv geworden wären. Sie sind durch äußere Anstöße zum Engagement gebracht worden. Unter den derzeit nicht ehrenamtlich Aktiven wird man am ehesten Menschen mit einer diesen Gruppen ähnlichen Motivationsstruktur finden. Die Ergebnisse der Cluster-Analyse legen damit die Vermutung nahe, dass das Schaffen von Gelegenheiten des unverbindlichen »Hereinschnupperns« und der Verweis darauf, dass eine ehrenamtliche Tätigkeit Abwechslung in ein sonst womöglich etwas eintöniges Leben bringen kann, Erfolg versprechender bei der Rekrutierung neuer Freiwilliger sein könnten als moralische Appelle und Hinweise auf die Dringlichkeit eines Anliegens.

4. Wo können die Bürger Aufgaben des Staates übernehmen?

Zur Zeit der Planung der vorliegenden Untersuchung im Herbst 2011 war die öffentliche Diskussion stark von der Sorge um die Folgen der europäischen Schuldenkrise geprägt. Es erschien wahrscheinlich, dass dieses Thema auch zum Zeitpunkt der Feldarbeit der Studie im Februar 2012 noch die Schlagzeilen beherrschen werde (eine Vermutung, die sich als richtig erweisen sollte). Es wurde darum beschlossen, diese Gelegenheit zu nutzen um zu prüfen, inwieweit die Bevölkerung angesichts einer realen finanziellen Krisensituation des Staates bereit wäre, über das in ruhigeren Zeiten vorhandene Niveau des bürgerschaftlichen Engagements hinaus bisher vom Staat organisierte Tätigkeiten zu übernehmen, die sonst aus Geldmangel aufgegeben werden müssten.

Es zeigte sich, dass diejenigen, die fürchten, dass Deutschland in starke finanzielle Schwierigkeiten geraten werde, sich in ihren Antworten auf andere Fragen der vorliegenden Untersuchung kaum von denen unterscheiden, die diese Gefahr nicht vor Augen haben. Ehrenamtlich engagiert sind beide Befragtengruppen nahezu in gleichem Maße.

Grundsätzlich zeigt sich die Bevölkerung dem Gedanken gegenüber, dass Bürger durch freiwilliges Engagement vormals staatliche Aufgaben übernehmen, durchaus aufgeschlossen. Dabei zeigt sie durchaus klare Vorstellungen davon, welche staatlichen Dienstleistungen auf jeden Fall erhalten bleiben sollten, und in welchen Bereichen die Bürger für den Staat einspringen könnten. Dies zeigen die Antworten auf zwei Fragen, bei denen die Interviewer den Befragten Karten überreichten, auf denen verschiedene öffentliche Aufgaben aufgeschrieben waren. Die Fragen lauteten: »Wenn der Staat in Zukunft sparen muss, müssen ja in einigen Bereichen Leistungen eingeschränkt werden. Hier auf den Karten sind einige Bereiche aufgeschrieben. Welche davon dürften Ihrer Meinung nach nicht eingeschränkt werden, auch wenn der Staat sparen muss?« und »Wenn der Staat Einsparungen vornehmen müsste, gibt es dann Ihrer Meinung nach Bereiche, in denen die Bürger durch freiwilliges Engagement beziehungsweise ehrenamtliche Arbeit zumindest teilweise übernehmen könnten?«.

Mit Hilfe dieser beiden Fragen lassen sich vier verschiedene Bereiche des öffentlichen Lebens identifizieren, je nachdem, ob eine bestimmte öffentliche Aufgabe als wichtig oder weniger wichtig empfunden wird, und ob die Deutschen der Ansicht sind, dort könnten die Bürger einspringen oder nicht. Eine solche Einteilung zeigt Grafik 6. Sie stellt die Antworten auf die beiden Fragen in einem gemeinsamen

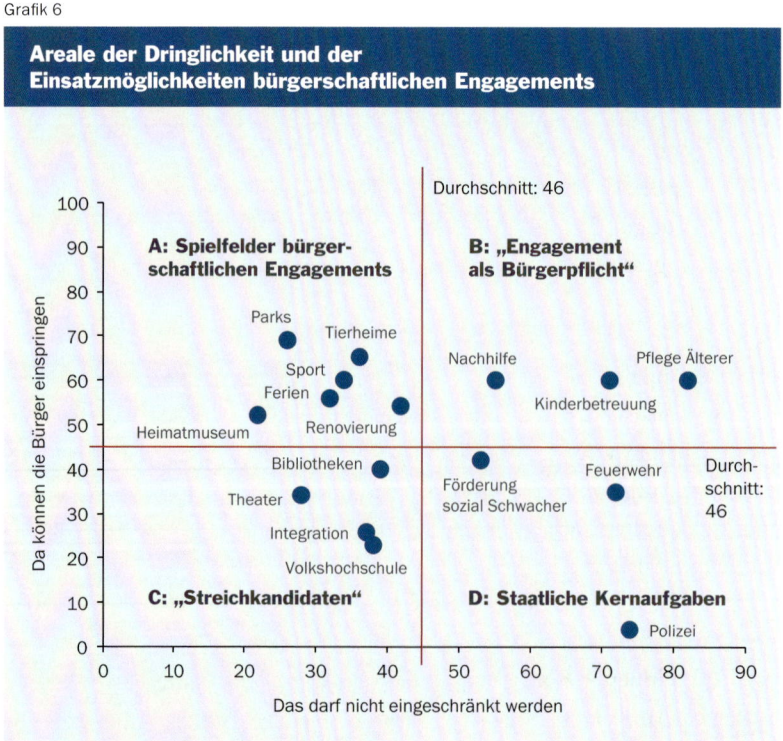

Grafik 6

Areale der Dringlichkeit und der Einsatzmöglichkeiten bürgerschaftlichen Engagements

- A: Spielfelder bürgerschaftlichen Engagements
- B: „Engagement als Bürgerpflicht"
- C: „Streichkandidaten"
- D: Staatliche Kernaufgaben

Achsen: Da können die Bürger einspringen / Das darf nicht eingeschränkt werden
Durchschnitt: 46

Basis: Bundesrepublik Deutschland, Bevölkerung ab 16 Jahre
Quelle: Allensbacher Archiv, IfD-Umfrage 10086 (Februar 2012)
© IfD-Allensbach

Koordinatensystem dar, bei dem die X-Achse die Bedeutung des jeweilgen Gebiets aus Sicht der Befragten darstellt, und die Y-Achse die Einschätzung der Einsatzmöglichkeiten der Bürger.

1. Es lassen sich auf diese Weise die Bereiche identifizieren, die man als Spielfelder bürgerlichen Engagements bezeichnen könnte. Bei ihnen ist die Bevölkerung überdurchschnittlich häufig der Ansicht, dass die Bürger bisher staatliche Aufgaben übernehmen könnten. Sie ist darüber hinaus ebenfalls der Ansicht, dass es in diesen Bereichen nicht ganz so wichtig ist, das bisherige Niveau der öffentlichen Dienstleistungen aufrecht zu erhalten. In diese Kategorie fallen beispielsweise die Pflege von Parks und Gärten, die Arbeit in Tierheimen, die Renovierung von Schulen oder die Pflege von Heimatmuseen.

2. Es gibt drei Tätigkeitsfelder, bei denen die Bevölkerung sowohl der Ansicht ist, dass sie auf jeden Fall uneingeschränkt erhalten bleiben müssen, als auch die Meinung vertritt, dass die Bürger hier den Staat durch ehrenamtliches Engagement entlasten könnten. Es handelt sich um Nachhilfe für schwächere Schüler, die Kinderbetreuung und die Pflege Älterer. Hier könnte man davon sprechen, dass das Ehrenamt als Bürgerpflicht angesehen wird: Wenn der Staat als Geldgeber oder Organisator ausfällt, können und müssen aus Sicht der Befragten die Bürger einspringen.

3. Ebenfalls drei Bereiche, die Förderung sozial Schwacher, sowie Polizei und Feuerwehr, werden von den Deutschen als Gebiete wahrgenommen, bei denen es keine Einschränkungen geben darf, und bei denen der Bürger auch wenig tun kann, um die staatlichen Leistungen zu ergänzen oder zu ersetzen. Diese Punkte werden also als Kernaufgaben angesehen, aus denen sich der Staat auf keinen Fall zurückziehen kann.

4. Eine weitere Gruppe schließlich umfasst Tätigkeitsfelder, bei denen weder eine Mehrheit der Ansicht ist, dass bei ihnen um jeden Preis das bisherige Dienstleistungsniveau beibehalten werden müsste, noch viele glauben, dass der Bürger hier vormals staatliche Aufgaben übernehmen könnte. In diese Kategorie fallen vor allem die Pflege von kulturellen und Bildungseinrichtungen, aber auch Maßnahmen zur Integration von Ausländern.

Zusammengefasst zeigen die Ergebnisse, dass die Aussichten, Bürger zur verstärkten Mitarbeit zu gewinnen, erheblich variieren, je nachdem, um welches Tätigkeitsfeld es sich handelt. Am ehesten wird man zusätzliche Aktivitäten auf den Gebieten fördern können, die der zweiten Kategorie angehören. Gerade im Bereich der Bildung und der Kultur, die in der öffentlichen Diskussion oft als besonders wichtig herausgestellt werden, wird man auch in Zeiten zunehmender Sparzwänge auf Seiten des Staates wohl nicht allzu große Hoffnungen in zusätzliches bürgerschaftliches Engagement setzen dürfen.

5. Zusammenführung und Fazit: Freiheit und bürgerschaftliches Engagement

In der vorliegenden Untersuchung wurden verschiedene Aspekte des öffentlichen Lebens untersucht, die auf den ersten Blick nur in einer schwachen Beziehung zueinander stehen. Es wurde gezeigt, dass der Wert der Freiheit in der deutschen Gesellschaft zwar auf einer abstrakten Ebene durchaus große Wertschätzung genießt, im Wettbewerb mit anderen gesellschaftlichen Zielen, wie denen der Gleichheit und der Sicherheit, aber von vielen Menschen im Zweifel als nachrangig angesehen wird. Es wurde darüber hinaus festgestellt, dass es Anzeichen dafür gibt, dass sich das gesellschaftliche Klima künftig zugunsten einer größeren Wertschätzung der Freiheit wandeln könnte.

Außerdem wurde in der Untersuchung gezeigt, dass in einem jahrzehntelangen Prozess die Identifikation der Deutschen mit ihrem Staatswesen und das Gefühl, man könne mit eigener Aktivität etwas in seiner Umgebung bewirken, zugenommen haben.

Drittens ließ sich nachweisen, dass die Bereitschaft zum bürgerschaftlichen Engagement offensichtlich verknüpft ist mit einer Vielzahl von Persönlichkeitseigenschaften, religiösen und weltanschaulichen Orientierungen, aber auch mit soziodemografischen Merkmalen wie dem Alter und dem Bildungsstand einer Person.

Schließlich konnte gezeigt werden, dass es durchaus eine gewisse Bereitschaft in der Bevölkerung gibt, sich mit dem Gedanken anzufreunden, dass bürgerschaftliches Engagement in Zukunft staatliche Tätigkeiten auf bestimmten Gebieten ersetzt, dass es aber keinen klaren Zusammenhang zu geben scheint zwischen der wahrgenommen Dringlichkeit einer bestimmten Dienstleistung und der Bereitschaft, sich in dem betreffenden Bereich zu engagieren.

So ließen sich also mehrere Faktoren bestimmen, die mit bürgerschaftlichem Engagement in Verbindung stehen, doch es ist bisher unklar, wie groß ihr Einfluss auf die Einsatzbereitschaft der Bürger tatsächlich ist, weil viele von ihnen auch untereinander in Beziehung stehen. So ließ sich feststellen, dass ältere Menschen sich alles in allem eher engagieren als jüngere. Außerdem zeigte sich, dass Kirchenmitglieder eher freiwillige Arbeit leisten als Konfessionslose. Nun ist der Anteil der Kirchenmitglieder in der älteren Generation aber größer als in der jüngeren. Was also ist hier die treibende Kraft? Sind die Älteren aktiver, weil sie Kirchenmitglieder sind?

Tabelle 3

Regressionsanalyse: Determinanten des ehrenamtlichen Engagements

Abhängige Variable:

FRAGE: „Haben Sie ein Ehrenamt, oder arbeiten Sie auf andere Weise privat aktiv in Gruppen oder Organisationen mit?"

Unabhängige Variablen:	Beta
Geschlecht (weiblich)	-0,04
Alter	-0,02
Schulbildung	0,13 ***
Netto-Haushaltseinkommen	0,01
Kirchenmitgliedschaft	0,08 **
Ansicht: „Jeder ist seines Glückes Schmied"	0,11 **
Subjektives Freiheitsempfinden	-0,07
Ansicht, Freiheit habe Vorrang vor Gleichheit	0,07 *
Eigene Betroffenheit durch die Euro-Krise	0,04
Glaube, dass die Euro-Krise Deutschland in finanzielle Schwierigkeiten bringt	-0,01
Glaube, dass man als Bürger am Ort Einfluss hat	0,01
Ansicht: „Sich ehrenamtlich zu engagieren, gehört in einer freien Gesellschaft dazu"	0,22 ***
Ansicht: „Der Staat, das sind wir alle"	0,05
Stolz, Deutscher zu sein	0,03
Persönlichkeitsstärke	0,10 **

$R^2 = 0{,}132$

* = Signifikant auf dem 90-Prozent-Niveau
** = Signifikant auf dem 95-Prozent-Niveau
*** = Signifikant auf dem 99-Prozent-Niveau

Kein Sternchen: Nicht signifikant

Basis: Bundesrepublik Deutschland, Bevölkerung ab 16 Jahre
Quelle: Allensbacher Archiv, IfD-Umfrage 10086 (Februar 2012)

Oder sind die Kirchenmitglieder aktiver, weil sie älter sind? Um dies festzustellen, bedarf es einer Regressionsanalyse. Mit diesem mathematisch-statistischen Analyseverfahren wird errechnet, welchen Einfluss beispielsweise das Alter der Befragten auf ihre Bereitschaft zur ehrenamtlichen Arbeit hat – unabhängig von der religiösen Orientierung, der Bildung, dem Geschlecht und anderen Variablen.

Tabelle 3 zeigt das Ergebnis einer solchen Regressionsanalyse. Die sogenannte abhängige Variable, also die Eigenschaft, bei der untersucht wurde, welche Faktoren auf sie einwirken, ist die ehrenamtliche Aktivität der Befragten, gemessen mit der Frage »Haben Sie ein Ehrenamt oder arbeiten Sie auf andere Weise privat aktiv in Gruppen oder Organisationen mit?« Die Tabelle zeigt die in die Analyse eingegangenen »unabhängigen Variablen«, also die Befragteneigenschaften und -aussagen, deren Einfluss auf das freiwillige Engagement untersucht wurde. In der Tabelle sind Beta-Werte ausgewiesen. Sie sind das wichtigste Ergebnis der Berechnung und bezeichnen den Grad, in dem die betreffende unabhängige Variable das Antwortverhalten der Befragten bei der abhängigen Variable beeinflusst. Einige der Beta-Werte sind mit Sternchen gekennzeichnet. Sie zeigen an, ob der betreffende Wert statistisch signifikant ist, das bedeutet, dass der gemessene Zusammenhang zwischen der unabhängigen und abhängigen Variable so stark ist, dass man ihn mit hoher Wahrscheinlichkeit nicht allein auf die bei Repräsentativumfragen unvermeidliche statistisch bedingte Unschärfe der Ergebnisse zurückführen, sondern inhaltlich interpretieren kann.

Ältere Menschen engagieren sich eher als jüngere.

Tabelle 3 zeigt nun, dass einige Faktoren, von denen man zunächst annehmen konnte, dass sie von Bedeutung sein könnten, keinen eigenen Beitrag zur Bereitschaft leisten, sich ehrenamtlich zu engagieren. Darunter fallen das Alter und das Einkommen der Befragten.

Sechs der in die Analyse eingegangenen 15 Variablen erweisen sich als signifikant, haben also auch unter Berücksichtigung der Wechselwirkungen mit anderen Einflussfaktoren einen Einfluss auf die Bereitschaft der Bürger, sich ehrenamtlich zu engagieren: Drei davon, die Schulbildung, die Kirchenmitgliedschaft und die Persönlichkeitsstärke,[15] entziehen sich weitgehend den Gestaltungsmöglichkeiten der Politik.

---

[15] Gemessen mit einer vom Allensbacher Institut entwickelten »Skala der Persönlichkeitsstärke«, mit deren Hilfe Meinungsführer in allen Gesellschaftsschichten identifiziert werden können. Siehe hierzu Noelle-Neumann, Elisabeth: »Die Entdeckung der Meinungsführer.« In: Noelle-Neumann, Elisabeth: Die soziale Natur des Menschen. Beiträge zur empirischen Kommunikationsforschung. Freiburg 2002. S. 94-130.

Hinzu kommt eine moralische Komponente: Wenn jemand der Ansicht ist, sich ehrenamtlich zu engagieren, gehöre in einer freien Gesellschaft dazu, ist es auch überdurchschnittlich wahrscheinlich, dass er sich ehrenamtlich engagiert. Hier liegt allerdings der Verdacht nahe, dass die Einstellung, sich ehrenamtlich zu engagieren, gehöre in einer freien Gesellschaft dazu, in vielen Fällen weniger die Ursache der Entscheidung für ehrenamtliches Engagement als die nachträglich entwickelte Begründung für die freiwillige Tätigkeit ist.

Es bleiben zwei erklärende Variablen, die weltanschauliche Einstellungen betreffen, die kaum die Folge ehrenamtlichen Engagements sein können, sondern letztlich ein Produkt des gesellschaftlichen Klimas sind, in dem sich die Menschen bewegen und die damit zumindest im Prinzip auch im Zeitverlauf variabel sind. Beide haben mit dem Wert der Freiheit zu tun: Menschen, die der Ansicht sind, jeder sei seines Glückes Schmied, die also eine Grundhaltung einnehmen, die die Voraussetzung für eine Befürwortung eines freiheitlichen Gesellschaftsprinzips ist, sind eher bereit, sich bürgerschaftlich zu engagieren als andere Befragte. Das Gleiche gilt für Personen, die die Freiheit der Gleichheit vorziehen. Darüber hinaus gibt es Hinweise aus anderen Studien, dass in einer freien Gesellschaft, in der der Staat wenig ins Leben der Bürger eingreift und wenig Verhaltensmaßregeln festlegt, anders als oft angenommen wird, moralische Normen, soziale Kontrolle und damit auch das bürgerliche Verantwortungsgefühl nicht verfallen, sondern – im Gegenteil – gestärkt werden.[16] Damit lässt sich das bürgerschaftliche Engagement in Deutschland wahrscheinlich am ehesten dadurch stärken, dass man dem Wert der Freiheit zur größtmöglichen gesellschaftlichen Anerkennung verhilft.

---

[16] Institut für Demoskopie Allensbach: Der Wert der Freiheit. Ergebnisse einer Studie zum Freiheitsverständnis in Russland, Polen, Großbritannien, Frankreich und Deutschland. April/Mai 2005. Allensbacher Archiv, IfD-Bericht Nr. 7071. S. 47-71.

II. Auf der Suche nach Sicherheit und Freiheit
Historische Stationen – politische Einsichten

Die Bundesrepublik Deutschland als Freiheits- oder als Sicherheitsgesellschaft?

Historische Prozesse und gegenwärtige Problemlagen

VON ECKART CONZE

1. Anspruch auf Freiheit – Bedürfnis nach Sicherheit

Wie kann es kommen, dass die Freiheitsrhetorik, ja das Freiheitspathos unseres Bundespräsidenten in den Wochen vor seiner Wahl auf solche Kritik stieß? Dass man Joachim Gauck – und das nicht nur am linken Rand des politischen Spektrums – vorhielt, seine Idee von Freiheit biete keinen Raum für Werte wie Gerechtigkeit oder Solidarität?
Freiheitskritik hat es leicht dieser Tage, weil sich die Krise, in der wir uns befinden – eine Krise, die die Menschen tief verunsichert – mit der Ideenwelt des Neoliberalismus in Verbindung bringen lässt. Weil sie sich in Verbindung bringen lässt mit einer Politik, die sich aus dieser Ideenwelt speiste, einer Politik, in der ein verkürzter, ein einseitiger Freiheitsbegriff dominierte, ein rein markt- und wirtschaftsliberaler Freiheitsbegriff, der andere Dimensionen von Freiheit – Freiheit im Sinne individueller Lebenschancen beispielsweise oder Freiheit im Sinne der Rechte des Einzelnen – in den Hintergrund drängte.

Deshalb hat es Joachim Gauck so schwer mit seinem Bekenntnis zur Freiheit.[1] Freiheit steht für Verunsicherung, für Unsicherheit. Und in der politischen Sprache unserer Tage ist Sicherheit zu einem Leitbegriff aufgestiegen. Parteiprogramme und Regierungserklärungen der letzten Dekade unterstreichen das. Natürlich spielt dabei auch die Erfahrung des 11. September 2001 eine wichtige Rolle. Das mag nun aktualistisch klingen, aber dahinter steht ein Grundproblem, ein Spannungsverhältnis, in welchem die Idee der Freiheit sich gleichsam prinzipiell befindet. Wie verhält sich der Anspruch individueller Freiheit zum Bedürfnis des Menschen nach

---

[1] Gauck, Joachim: Freiheit. Ein Plädoyer. München 2012.

Sicherheit? Die Begründungen moderner Staatlichkeit kreisen um diese Frage, und gerade die liberale Staatstheorie, vor allem auch in ihrer vertragstheoretischen Ausformung, ist nichts Anderes als der Versuch, die Freiheit des Einzelnen mit der Sicherheit aller zu vereinbaren.

Aber ist nicht der moderne Staat auch verantwortlich für eine Entwicklung, in der politisches Handeln in immer weiteren Bereichen unter dem Primat der Sicherheit steht, in der immer mehr und immer größere Politikfelder »versicherheitlicht« werden, wie es im Jargon der Sozialwissenschaften neuerdings heißt? Von *securitization* ist dort die Rede.[2] Unser politischer Begriff von Sicherheit geht längst über die klassischen Felder der äußeren und der inneren Sicherheit hinaus. Warum ist das so? Weil Gefährdungen oder Bedrohungen von Sicherheit omnipräsent geworden sind? Oder weil es in der Politik und von Seiten des Staates die Erwartung, ja die Hoffnung gibt, dass Staat und Politik in jenen Bereichen handlungsfähiger sind beziehungsweise handlungsfähiger bleiben, in denen sich Politik als Sicherheitspolitik darstellen lässt, in denen politisches und staatliches Handeln auf existenzielle Gefährdungen zu reagieren beansprucht und in diesem Sinne Sicherheitsziele verfolgt?

Aber politische Rhetorik verweist auch auf – tatsächliche oder unterstellte – kollektive Wertschätzungen. Und wenn Wertschätzungen aus Mangellagen resultieren, dann muss also in den letzten Jahren ein Mangel an Sicherheit entstanden sein, muss das Bewusstsein von Sicherheit geschrumpft, das Bewusstsein von Unsicherheit gewachsen sein. Wer freilich diesen Impuls der Gegenwart ernst nimmt, von dem Zeitgeschichte lebt, der wird rasch feststellen, dass die »Suche nach Sicherheit« sich wie ein roter Faden durch die Geschichte der Bundesrepublik zieht.[3]

Sicherheit hat viele Dimensionen. Sicherheit ist nicht nur ein Ziel von Regierungshandeln oder eine gesellschaftliche Politikerwartung. Sicherheit ist ein umfassender sozialkultureller Orientierungshorizont. Das gilt beileibe nicht nur für die Bundesrepublik Deutschland, sondern für alle anderen modernen und hochkomplexen industriellen beziehungsweise postindustriellen Gesellschaften. Meldet sich nicht in der internationalen gesellschaftlichen Wertbesetzung der Vokabel »Sicherheit« ein strukturelles Problem moderner Gesellschaften zu Wort? Ein Problem, so hat es der Soziologe Franz Xaver Kaufmann schon vor vierzig Jahren formuliert, »dessen Name ›Unsicherheit‹ freilich ebenso schillernd ist wie die geforderte ›Sicherheit‹«.[4]

---

[2] Beispielsweise bei Balzacq, Thierry (Hg.): Securitization Theory. How Security Problems Emerge and Dissolve. Oxford/New York 2011; vgl. aber auch Conze, Eckart: »Securitization – Gegenwartsdiagnose oder historischer Analyseansatz.« In: Geschichte und Gesellschaft 38/2012.

[3] In dieser Perspektive ausführlich: Conze, Eckart: Die Suche nach Sicherheit. Eine Geschichte der Bundesrepublik Deutschland von 1949 bis in die Gegenwart. München 2009.

[4] Kaufmann, Franz Xaver: Sicherheit als soziologisches und sozialpolitisches Problem. Untersuchungen zu einer Wertidee hochdifferenzierter Gesellschaften. Stuttgart 1973. S. 341.

Die Geschichte von Sicherheitsvorstellungen, von Sicherheitsbewusstsein oder von Sicherheitswahrnehmungen ist immer auch die Geschichte von Zukunftsvorstellungen, von Zukunftsbewusstsein oder Zukunftserwartungen. Das menschliche Streben nach Sicherheit zielt darauf, die Offenheit der Zukunft zu überwinden. Es zielt darauf, jenes Auseinandertreten von »Erfahrungsraum« und »Erwartungshorizont« zu überwinden, das mit Reinhart Koselleck das Neue an der Neuzeit ausmache und das insbesondere seit den grundstürzenden Entwicklungen und Umbrüchen in der Folge der Französischen Revolution die Menschen zutiefst verunsichert habe.[5]

2. Die Rückkehr zur Normalität

Die politische Ordnung der Bundesrepublik wurde nach 1945 als eine Ordnung der Freiheit konstruiert. Doch zugleich bietet ein klar identifizierbares breites soziales Streben nach Sicherheit einen wichtigen Erklärungsansatz für das nur langsame Voranschreiten gesellschaftlicher und kultureller Liberalisierung in den fünfziger Jahren. Erklären lässt sich dieses Sicherheitsstreben der Ära Adenauer, verstanden als ein Bedürfnis nach kompensierender Stabilität, mit der außerordentlichen Veränderungsdynamik in allen Lebensbereichen seit der letzten Kriegsphase. Und diese Veränderungsdynamik endete ja nicht mit der Gründung der Bundesrepublik, sondern setzte sich als »Periode aufregender Modernisierung« weit in die fünfziger Jahre hinein fort.[6] Angesichts dieser Dynamik und angesichts des enormen Tempos des Wandels erhöhte sich das Bedürfnis der Menschen, gerade in ihrer individuellen Existenz, in ihrem unmittelbaren, persönlichen Umfeld wieder festen, sicheren Boden unter den Füßen zu gewinnen. Der sozialkulturelle Orientierungshorizont war für die meisten dabei jedoch nicht eine zwar bessere, aber letztlich doch unbekannte Zukunft. Orientierungshorizont war vielmehr die verlorene Normalität der Vergangenheit, jener guten, alten Zeit, die die Mehrzahl der Bundesbürger in den sogenannten »Friedensjahren« des Nationalsozialismus und, mehr noch, in den letzten Jahren vor 1914 erblickte. Auf die Allensbach-Frage »Wann in diesem Jahrhundert ist es nach Ihrem Gefühl Deutschland am besten gegangen?« verwiesen 1951 45 Prozent der Befragten auf das Kaiserreich, 40 Prozent auf die Jahre 1933 bis 1939.

In seiner Weihnachtsansprache von 1958 – gerade hatte Chruschtschow sein Berlin-Ultimatum gestellt und es herrschte Kriegsangst – erinnerte sich auch Konrad Adenauer, Jahrgang 1876, »an jene Zeiten vor 1914, in denen noch in Wirklichkeit

---

[5] Koselleck, Reinhart: »›Erfahrungsraum‹ und ›Erwartungshorizont‹ – zwei historische Kategorien.« In: ders.: Vergangene Zukunft. Zur Semantik geschichtlicher Zeiten. Frankfurt/Main 1989. S. 349-375.
[6] Schwarz, Hans-Peter: Die Ära Adenauer 1949-1957. Gründerjahre der Republik. Stuttgart/Wiesbaden 1981. S. 382.

Friede, Ruhe und Sicherheit auf der Erde weilten«. Seither aber seien Sicherheit und Ruhe aus dem Leben der Menschen verschwunden: »Ist es nicht traurig, ist es nicht furchtbar zu denken, dass die Mehrzahl der jetzt Lebenden Ruhe, Frieden und Sicherheit, ein Leben frei von Angst, niemals gekannt hat?«[7]

Materiell erzeugte die »Wirtschaftswundergesellschaft« spätestens seit Mitte der fünfziger Jahre die ersehnte »Normalität«. Aber Normalisierung bezog sich nicht nur auf materielle Sicherheit, nicht nur auf Wohlstand und Konsummöglichkeiten. Der materielle Wohlstand schuf Sekurität. Und so wie die ökonomischen Krisen nach 1918 insbesondere die deutschen Mittelschichten – das Bürgertum – verunsichert, ihr Selbstbewusstsein und ihre Zukunftsgewissheit erschüttert und damit auch die Legitimität der Weimarer Republik ausgehöhlt hatten, so gewann jetzt die junge Bundesrepublik Legitimität und Stabilität. Und das ermöglichte sukzessive, deutlich seit Ende der fünfziger Jahre, auch wachsende Freiheitspotenziale und damit jene Prozesse gesellschaftlicher und kultureller Liberalisierung, die die sechziger Jahre charakterisieren und die nicht in den Entwicklungen von »1968« aufgehen.

Die Unsicherheitspotenziale, welche die fünfziger Jahre charakterisierten, hatten sich Mitte der sechziger Jahre weitgehend abgebaut. Ende des Jahrzehnts vereinte die Vorstellung einer »gesicherten Zukunft« die Bundesbürger, sie vereinte auch die Parteien, deren Programme diesen Fortschrittsoptimismus als Fortschrittsgewissheit widerspiegelten. Stärker als je zuvor wurde Sicherheit in der westdeutschen Gesellschaft zur »Zukunfts-Sicherheit«. Das verband sich mit der wissenschaftlich genährten Überzeugung, alle wesentlichen politischen und gesellschaftlichen Prozesse seien voraussehbar, planbar und damit letzten Endes auch steuerbar. Planung und Steuerung wurden zu Leitvokabeln des Jahrzehnts zwischen der Mitte der sechziger und der Mitte der siebziger Jahre.

Sicherheit meinte nun nicht mehr bloße Normalität und Stabilität; Sicherheit meinte jetzt die Gewissheit, dass diese Stabilität mit ihren Profiten und Renditen auf Dauer zu stellen sei. Gerade für die sozialliberale Koalition seit 1969 schuf die erreichte und als sicher erachtete soziopolitische wie sozioökonomische Stabilität auch Potenziale für gesellschaftlichen und politischen Wandel, wie er sich insbesondere in der einprägsamen Formel des »Mehr Demokratie wagen« niederschlug. Dabei ist die Dialektik der Argumentation bemerkenswert, und das vor allem deshalb, weil sie letztlich die Umkehrung der sicherheitsbezogenen Zielvorstellungen

---

[7] Alle Zitate aus der Weihnachtsansprache Konrad Adenauers vom 25.12.1958. URL: http://www.konrad-adenauer.de/index.php?msg=9749 (22.08.2012).

der fünfziger Jahre bedeutet. Dauerhafte Sicherheit, so betonte Willy Brandt nämlich, könne es in einer entwickelten Gesellschaft nur durch Veränderung geben. Das verweist auch darauf, dass die auf Stabilisierung der Lebensumstände, auf sozialen Aufstieg oder Wiederaufstieg gerichteten Formen des Sicherheitsstrebens in dem Maße an Bedeutung verloren hatten, in dem eine Generation herangewachsen war, für die die Unsicherheitspotenziale der frühen Nachkriegsjahre keine selbst erfahrene Realität mehr darstellten. Freilich war eine grundlegende Zukunftsgewissheit die Voraussetzung all dieser Rufe nach Experimentierbereitschaft und mehr Reformfreude.

3. Der Sicherheitsstaat

War in der Ära Brandt also Sicherheit an Veränderung, an politischen Wandel und weitere gesellschaftliche Liberalisierung gekoppelt, so verlor mit Beginn der Kanzlerschaft Helmut Schmidts und vor dem Hintergrund der Krisenerfahrung der Jahre 1973/74 der Sicherheitsbegriff seine reformorientierte Dynamik. Der Ölpreisschock ließ den Fortschrittsoptimismus wie eine Seifenblase zerplatzen. Die Grenzen des Wachstums schienen erreicht und für viele Menschen begann sich Mitte der siebziger Jahre die Zukunft wieder zu verdüstern. Statt des Brandtschen Zentralbegriffs »Reform« hielt nun wieder verstärkt der Begriff der »Stabilität« Einzug in die politische Rhetorik. Schon in der ersten Regierungserklärung des neuen Bundeskanzlers war nicht nur ganz allgemein von »Kontinuität« und »Konzentration« als den Leitmotiven künftiger Politik die Rede – der Geist der Erneuerung, der Liberalisierung schien verflogen –, sondern in nüchterner, ja geradezu funktionalistischer Sprache verwies Schmidt auch darauf, dass jede Regierung zunächst und vor allem »die klassischen Staatsfunktionen befriedigend für den Bürger zu erfüllen« habe, und diese »klassischen Funktionen eines modernen Staates«, so Schmidt, seien Sicherheitsfunktionen: wirtschaftliche und soziale Sicherheit, innere Sicherheit und äußere Sicherheit.[8]

Zu den sozioökonomischen Verunsicherungen gesellten sich Ängste im Hinblick auf die Bedrohung der »Inneren Sicherheit« durch politischen Radikalismus und Terrorismus. Mit Fug und Recht wird man die siebziger Jahre als das Jahrzehnt der »Inneren Sicherheit« bezeichnen dürfen. Auf diesem Politikfeld ging es nun um die alltägliche öffentliche Sicherheit: erst im Zeichen des Terrorismus, später in zunehmendem Maße auch im Zeichen wachsender Kriminalität und zunehmender Verbrechensangst.

---

[8] Jäger, Wolfgang: »Die Innenpolitik der sozial-liberalen Koalition 1974-1982.« In: ders./Link, Werner: Republik im Wandel 1974-1982. Die Ära Schmidt. Stuttgart/Mannheim 1987. S. 9-272, hier S. 15.

Freiheit und Sicherheit im Spannungsverhältnis – Videoüberwachung einer Berliner U-Bahn-Station

Stärker als je zuvor wurde »Sicherheit« zum Leitbegriff des politischen Handelns, wurden politische Initiativen und Maßnahmen daran gemessen, ob sie die Sicherheit erhöhten oder nicht. War der Staat noch in der Lage, den Sicherheitsbedürfnissen seiner Bürger nachzukommen? Bei der Bekämpfung des Terrorismus konnte der Staat seine Handlungsfähigkeit unter Beweis stellen. Während die staatliche Globalsteuerung an Grenzen gestoßen war und die sich dynamisierende Globalisierung den Bedeutungsverlust des Nationalstaats, so schien es, weiter beschleunigte, erfuhr der Staat als Garant der inneren Sicherheit einen Bedeutungs- und Legitimitätsgewinn. Als »Sicherheitsstaat« konnte er sich noch beziehungsweise wieder rechtfertigen.

Der handlungsfähige und erfolgreich handelnde »Sicherheitsstaat«: er gehörte Ende der siebziger Jahre zum viel zitierten »Modell Deutschland«. Doch zugleich beförderten die Fragen, die der Ausbau der inneren Sicherheit aufwarf, und die Auseinandersetzungen darüber, wie weit der Staat gehen durfte, um den Terrorismus zu bekämpfen und Sicherheit zu gewährleisten, auch staatskritische Haltungen und verstärkten die Skepsis gegenüber staatlicher Macht. Das bezog sich nicht zuletzt auf die Außerkraftsetzung von Freiheitsrechten, auf Fahndungsmethoden der Polizei oder auf den Aufbau großer Datensammlungen. Die Debatten über den Terrorismus und seine Bekämpfung sowie über das Politikziel der inneren Sicherheit waren stets auch Debatten über das Spannungsverhältnis von Freiheit und Sicherheit. Darin lag ihr liberalisierender Charakter.

Aber auch außenpolitisch – sicherheitspolitisch im engeren Sinne – waren die Jahre um 1980 unter unserer Fragestellung bedeutsam. Die NATO-Nachrüstung und die innenpolitische und gesellschaftliche Auseinandersetzung darüber, die gerade in der Bundesrepublik in ihrem Kern um die Definition von Sicherheit kreiste, war das beherrschende Thema der letzten Amtsjahre Helmut Schmidts und der beginnenden Kanzlerzeit Helmut Kohls. Der Niedergang der sozialliberalen Koalition und der Wechsel zu einer Regierung aus CDU/CSU und FDP sind ohne diesen Sicherheitsdiskurs nicht zu verstehen. Die Frage der internationalen und der militärischen Sicherheit reichte tief hinein in Innenpolitik und Gesellschaft der Bundesrepublik und verband sich mit sozialen Entwicklungen, die mit Blick auf das Parteiensystem der Bundesrepublik in der Gründung der »Grünen« 1980 und ihrem Einzug in den Bundestag 1983 politisch kulminierten.

4. Sicherheit und Unsicherheit in der Risikogesellschaft

Die Idee vollständiger Sicherheit ist seit den siebziger Jahren ins Wanken geraten. Weder als emotionale Geborgenheit im Zeichen der Stabilität noch als Zukunftsgewissheit war Sicherheit seitdem wiederherzustellen. Konnten die großen Konversationslexika[9] noch in den siebziger Jahren Sicherheit definieren als »Zustand des Unbedrohtseins, der sich objektiv im Vorhandensein von Schutz beziehungsweise im Fehlen von Gefahr darstellt«, so ist seither deutlicher geworden, dass der angeblich absolute Gegensatz von Sicherheit und Unsicherheit nur ein scheinbarer Gegensatz ist.[10] Sicherheit und Unsicherheit sind vielmehr relationale Begriffe. Sie markieren zwei Pole auf einer Sicherheits-Unsicherheits-Skala, und wo sich ein Individuum oder eine Gesellschaft auf dieser Skala verortet, ist von objektiven Faktoren genauso abhängig wie von subjektiven Einschätzungen und Wahrnehmungen. Auf eine tatsächliche Abschaffung von Gefahren kann Sicherheit wohl nur noch in Grenzfällen hinauslaufen, viel eher auf eine Reduzierung oder Minimierung von Risiken. »Risiko« ist in diesem Sinne ein Scharnierbegriff zwischen »Freiheit« und »Sicherheit«.

»Risiko« als Scharnierbegriff zwischen »Freiheit« und »Sicherheit«.

In den zeitgenössischen Gesellschaftsbeschreibungen der Soziologie der achtziger Jahre bündelte der von Ulrich Beck geprägte Begriff der »Risikogesellschaft« diese

---

[9] Artikel »Sicherheit«. In: Meyers enzyklopädisches Lexikon, 9. Auflage, Bd. 21 (Sche–Sm). Mannheim 1977.
[10] Bonß, Wolfgang: »Die gesellschaftliche Konstruktion von Sicherheit.« In: Lippert, Eckehard/Prüfert, Andreas/Wachtler, Günther (Hg.): Sicherheit in der unsicheren Gesellschaft. Opladen 1997. S. 21.

Entwicklungen.[11] Beck interpretierte die »Ausdehnung von Modernisierungsrisiken« als Sicherheitsrisiken. Nicht von ungefähr hob er dabei vor allem auf technologische Entwicklungen wie beispielsweise die Kernkraft oder die Gentechnologie ab. Dass diese neuartigen Sicherheitsrisiken sozial nivellierend beziehungsweise demokratisierend wirkten, indem sie geradezu gleichmacherisch alte Unterschiede in der Unsicherheits- oder Risikoausgesetztheit relativierten und in ihrer Bedeutung verminderten, war jedoch nur eine Seite seiner Gesellschaftsanalyse. Auf der anderen Seite standen Becks Befunde im Hinblick auf die Auflösung von sozialen Klassen, von überkommenen Ehe- und Familienstrukturen, von Geschlechterrollen oder Arbeitsbeziehungen als sozial verbindlichen Institutionen in Prozessen der Individualisierung.

Der Befund gewachsener Risiken und erodierender Sicherheiten – für die Gesellschaft insgesamt wie für den Einzelnen – verband beide Beobachtungen. Die gestiegene Risikoempfindlichkeit moderner Gesellschaften – mit Blick auf das erreichte soziale beziehungsweise sozialstaatliche Niveau, aber eben auch mit Blick auf das Niveau technischer Sicherheit –, auf die seit Mitte der achtziger Jahre Ulrich Beck in soziologischer Perspektive, aber beispielsweise auch Hermann Lübbe philosophisch aufmerksam machten,[12] bedeutete auch eine neue Politikanforderung im Sinne von Risikominimierung anstelle eines umfassenden Unsicherheitsabbaus.

Zu dem von Beck und anderen beschriebenen Prozess wachsender Unsicherheit, einer zunehmenden individuellen und überindividuellen Verunsicherung gehört auch ein tiefgreifender Wandel von Normen beziehungsweise, präziser gesagt ein Bedeutungs- und Geltungsverlust von Normen. Wenn man der Prämisse folgt, dass Normen nicht zuletzt dem Zweck dienen, Sicherheit zu schaffen – Verhaltenssicherheit, Entscheidungssicherheit, Handlungssicherheit und damit Sicherheit im Zusammenleben –, dann liegt der Umkehrschluss nahe, dass Prozesse der Entnormativierung Unsicherheit schaffen. Man kann solche Prozesse der Entnormativierung auch als Folge beschleunigter Individualisierung und Pluralisierung in den westlichen Gesellschaften der zweiten Hälfte des 20. Jahrhunderts begreifen und damit als Teilprozesse eines Wertewandels, von dem wir heute wissen, dass er sich auch in der bundesdeutschen Gesellschaft seit den 1970er Jahren dynamisierte.

---

[11] Beck, Ulrich: Risikogesellschaft. Auf dem Weg in eine andere Moderne. Frankfurt/Main 1986.
[12] Siehe beispielsweise Lübbe, Hermann: »Die schwarze Wand der Zukunft.« In: Fischer, Ernst Peter (Hg.): Auf der Suche nach der verlorenen Sicherheit. München 1991. S. 17-31, oder Lübbe, Hermann: »Erfahrungsverluste und Kompensation.« In: ders.: Die Aufdringlichkeit der Geschichte. Herausforderungen der Moderne vom Historismus bis zum Nationalsozialismus. Graz u. a. 1989. S. 105-119.

Der Soziologe Helmut Klages hat in diesem Zusammenhang schon früh von einer Verschiebung von sogenannten Pflicht- und Akzeptanzwerten hin zu Freiheits- und Selbstentfaltungswerten gesprochen.[13] Das ist für uns insofern bedeutsam, als diese liberalisierende und individualisierende Verschiebung gleichzeitig individuelle wie kollektive Sicherheitsbedürfnisse erhöhte. In der Risikogesellschaft führt individueller Autonomiegewinn zu einem Verlust an Sicherheit und es wächst folglich das individuelle und überindividuelle Bedürfnis nach Sicherheit. Die Erwartung von Sicherheit steigt mit zunehmender – tatsächlicher oder vermeintlicher – Unsicherheit.

5. Freiheit und Sicherheit im Zeichen der Transformation

Das lässt sich auch auf die Entwicklung der Bundesrepublik nach 1990 beziehen. Mit dem Ende des Ost-West-Konflikts löste sich eine internationale Ordnung auf, die politischem Handeln und gesellschaftlicher Orientierung über mehrere Jahrzehnte einen stabilen Rahmen geboten hatte. Zum Glück der Wiedervereinigung gesellte sich gerade für die Ostdeutschen eine enorme Verunsicherung durch die Dynamik des Wandels und der Transformation. Die Erfahrung der Freiheit war ein schwieriger, oft schmerzvoller Lernprozess, verbunden mit Ängsten und Enttäuschungen, und das Streben nach Sicherheit wuchs dadurch.

Über Jahre wurden die Deutschen demoskopisch nach politischen Wertorientierungen befragt und insbesondere nach dem Vorrang von Freiheit oder Gleichheit. Seit etwa dem Jahr 2000 optiert erstmals nicht nur die Mehrheit der Ostdeutschen, sondern auch eine wachsende Zahl von Westdeutschen für die Gleichheit. 2006 war die Zahl derer, die der Gleichheit den Vorzug gaben, sogar auf gesamtdeutscher Ebene erstmals höher. In solchen Befunden spiegelt sich eine Vorstellung von Freiheit, die Freiheit primär mit Unsicherheit, mit Daseinsrisiken, mit Ängsten und Sorgen in Verbindung bringt und weniger mit Chancen und Möglichkeiten; eine Vorstellung, die Freiheit lediglich als Ideologie eines ungebremsten, ungezügelten Kapitalismus wahrnimmt, und nicht als Grundlage einer politischen Ordnung, die vom Einzelnen, die vom Menschen und seinen Rechten her denkt.[14]

Aber Freiheit und Sicherheit müssen sich nicht antagonistisch gegenüberstehen, sondern sie können einander bedingen: in einer – zugegeben – spannungsreichen Beziehung. Sicherheit ist auch ein Freiheitsrecht. Als der damalige amerikanische Präsident Franklin D. Roosevelt 1941 in seiner Rede zur Lage der Nation von den

---

[13] Klages, Helmut: Wertorientierungen im Wandel. Rückblick, Gegenwartsanalysen, Prognosen. Frankfurt/Main 1984.
[14] Vgl. dazu den Beitrag von Thomas Petersen in diesem Band auf S. 12, besonders Grafik 1 auf S. 18.

Four Freedoms sprach, da waren darunter auch *Freedom from Want* und *Freedom from Fear*.[15] Vor diesem Hintergrund ist die Geschichte der Bundesrepublik – bis an die Schwelle der Gegenwart – auch eine Geschichte des politischen und gesellschaftlichen Ringens um Freiheit als Sicherheit und um Sicherheit als Freiheit. Und die – nicht nur historisch – entscheidende Frage liegt nicht in der Alternative Freiheits- *oder* Sicherheitsgesellschaft, sondern in ihrem Wechselverhältnis, in ihrer Aufeinander-Bezogenheit.[16]

---

[15] URL: http://www.americanrhetoric.com/speeches/fdrthefourfreedoms.htm (14.06.2012).
[16] Siehe dazu auch Popper, Karl R.: Die offene Gesellschaft und ihre Feinde [1945]. Tübingen 1992. Bd. 1. S. 133 f.

III. Freiheit? Gleichheit? Brüderlichkeit? Was zählt im Deutschland des 21. Jahrhundert?

Freiheit? Gleichheit? Brüderlichkeit?

Haben die »alten« sozialdemokratischen Konzepte noch eine Chance in einer globalisierten Bundesrepublik?

VON THOMAS OPPERMANN

»Freiheit – Gleichheit – Brüderlichkeit«: Diese Losung schrieben sich die Französischen Revolutionäre auf ihre Fahnen und bis heute ist unser westliches Demokratiemodell untrennbar mit diesen drei Begriffen verbunden. Artikel 1 der Erklärung der Menschen- und Bürgerrechte der Französischen Nationalversammlung vom 26. August 1789 bildet den Wesenskern auch unserer Verfassung: »Die Menschen werden frei und gleich an Rechten geboren und bleiben es.« Daraus leitet sich die unverletzbare Würde eines jeden Menschen ab. Daraus ergeben sich das Recht der Selbstbestimmung und das Gebot der Demokratie. Keine Herrschaft mehr ohne Legitimation durch die Bürger! Keine Willkür mehr in der Ausübung staatlicher Gewalt! Keine Stände, Kasten und Klassen, die sich hinter die Schranken ihrer Privilegien zurückziehen und mit Verachtung auf die anderen herabschauen!

Der Impuls der Französischen Revolution richtete sich gegen materielle Not, aber nicht nur das. Er richtete sich auch gegen die Ungleichheit und gegen die Verachtung der Menschen. Verarmte Bauern, städtisches Proletariat und Bürgertum begehrten gemeinsam gegen die Ungerechtigkeit des feudalabsolutistischen Ständestaats auf. Der Impuls, der in der »Arabellion« junge Tunesier oder Ägypter gegen ein autokratisches Regime auf die Straße trieb, ist ein ähnlicher. Sozialer Protest gegen mangelnde Chancen gehört dazu. Aber es ist mehr. Es geht gegen nicht zu rechtfertigende Privilegien. Ein Regime, in dem nur die sogenannten »fetten Katzen« reich werden, die Politiker bestechen, sich wirtschaftliche Monopole ergaunern, die sich in ihren *gated communities* verschanzen, während der öffentliche Raum verfällt und die Slums wachsen, ein solches Regime verletzt die Würde der Menschen und treibt sie zur Revolte. In der chinesischen Provinz rebellieren die Menschen gegen eine korrupte Nomenklatura der kommunistischen Partei, die zwar Kapitalismus einführt, aber von Demokratie nichts wissen will.

Diese Beispiele ließen sich vermehren. Sie zeigen: Der Aufbruch zu Freiheit und Gerechtigkeit ist keine ferne Vergangenheit. Wer den Kompass dieser Grundnormen nicht besitzt, wird anfällig für kalten Zynismus, für Show und Blenderei, für Klientelismus, für Vorteilsnahme, anfällig auch für zerstörerischen Extremismus. Und nicht nur in der heutigen Politik, auch in Wirtschaft und Gesellschaft sind Eliten *ohne* ein Verständnis für den Fundamentalwert von Freiheit und Gerechtigkeit in einem hohen Grade anfällig für Maßlosigkeit, Selbstbereicherung und Korruption.

Haben unsere Grundwerte Bestand, ja, taugen sie noch für die Ära der Globalisierung? Diese Frage klingt sehr defensiv und verunsichert. Das Fragezeichen müsste doch eigentlich einem Ausrufezeichen weichen. Freiheit, und zwar als Versprechen für alle Bürger, Gleichheit, und zwar Gleichheit der Rechte wie der Chancen, das sind keine Fragen, sondern Antworten, die wir in einer Zeit der Unsicherheit und Ratlosigkeit mehr denn je brauchen. Denn die bestimmende Erfahrung unserer Zeit ist doch, dass der Verlust dieser Werte in die Krise von Demokratie und Marktwirtschaft und in die Erschütterung des sozialen Zusammenhalts unserer Gesellschaft führt.

Vielleicht aber ist das wiedererwachte Interesse an einem Blick auf die Grundlagen unseres Staates und unserer Sozialordnung auch ein Zeichen der Besinnung. Ich glaube, wir können dabei sehr zuversichtlich sein, was die Modernität, die Aktualität und auch die globale Attraktivität unserer Werte angeht. Die magnetische Kraft einer Bürgerdemokratie, in der die Menschen ohne Angst frei die Stimme erheben und sich öffentlich versammeln oder vereinigen können, ist wieder gewachsen.

Die Idee von Freiheit und Demokratie ist der Pulsschlag einer globalen Moderne.

Die Anziehungskraft einer Gesellschaft, die sozialen Ausgleich zu organisieren weiß, gewinnt an Stärke vor dem Hintergrund zunehmender sozialer Ungleichheit. Der historische Weg, den Europa und in besonderer Weise Deutschland zurückgelegt hat, bevor eine soziale Demokratie erreicht war, ist einmalig. Doch viele Erfahrungen, die unser Kontinent gemacht hat, teilen wir mit anderen Menschen in aller Welt. Manche erleiden noch heute, was in Europa längst Geschichte ist, und empfinden unseren Weg als Ermutigung, mehr vielleicht als wir selbst glauben. Der Wert der Gerechtigkeit ist kein Ladenhüter. Die Idee von Freiheit und Demokratie verstaubt nicht in den Vitrinen unserer historischen Museen, sie ist der Pulsschlag einer globalen Moderne mit allen ihren schwierigen Kämpfen um politischen Fortschritt.

Deshalb hat die SPD in ihrem Hamburger Grundsatzprogramm formuliert: »Die deutsche Sozialdemokratie, die älteste demokratische Partei in Deutschland, war immer Teil einer internationalen Freiheitsbewegung. Nach ihrer Gründung war sie beides: Emanzipationsbewegung der Arbeiter und Demokratiebewegung, die den Obrigkeitsstaat überwinden sollte. Sie war es, die in Deutschland die Ideen der Französischen Revolution und der Revolution von 1848 weiterführte.«[1]

> Menschen, die nicht wissen, wovon sie in den nächsten Wochen leben sollen, sind nicht frei.

Hochmut ist dabei fehl am Platz. Wir wissen: In Deutschland dauerte der Kampf für Freiheit und Gleichheit sehr lange. Wir waren nicht nur – wie der Philosoph und Soziologe Helmuth Plessner schrieb – die »verspätete Nation«, wir waren vor allem und zum Unglück Europas die verspätete Demokratie.[2] Die Auseinandersetzungen mit nationalkonservativen und restaurativen Kräften im Kaiserreich waren mühevoll, die kurze Ära der Weimarer Republik spannungsreich und die zwölf Jahre der nationalsozialistischen Gewaltherrschaft ein fundamentaler Bruch mit allen Prinzipien unserer Zivilisation. Erst ab 1949 hat sich eine stabile Demokratie auf der Basis des Grundgesetzes entwickelt, die nach dem Fall der Mauer in ganz Deutschland Freiheit, Rechtsstaatlichkeit und den Sozialstaat garantiert.

Wir wissen aber auch, dass deutsche Sozialdemokraten für diese Demokratie einstanden, als darauf noch Festungshaft oder Todesstrafe stand, auch nach 1945 noch in der DDR. Auch diese historische Erfahrung teilen wir mit Demokraten und Dissidenten, die heute etwa wegen eines Internet-Blogs nachts von der Polizei verschleppt werden, ohne dass ihre Angehörigen erfahren, was mit ihnen geschieht. Die sozialdemokratische Idee von Freiheit und Gerechtigkeit ist aktuell.

1. Der sozialdemokratische Freiheitsbegriff

Was meinen Sozialdemokraten, wenn sie von Freiheit sprechen? Zunächst ist Freiheit die Möglichkeit, selbstbestimmt zu leben. Wir können uns sicher auch schnell darauf einigen, dass die Freiheit des Einzelnen endet, wo sie die Freiheit des Anderen verletzt. Wer anderen Unfreiheit zumutet, kann auf Dauer selbst nicht frei sein. Im Gegensatz zu mancher verkürzten Definition von Freiheit, die nur auf Freiheit des Marktes abzielt, bin ich überzeugt, dass sie nur als verantwortete Freiheit in sozialer Sicherheit denkbar ist: »Jeder Mensch muss frei sein von entwürdigenden Abhängigkeiten, von Not und von Furcht, und er muss die Chance haben, seine Fähigkeiten zu entfalten und in Gesellschaft und Politik verantwortlich mitzuwirken. Nur wer sich sozial ausreichend gesichert weiß, kann seine Freiheit nutzen.«[3]

---

[1] Hamburger Programm. Grundsatzprogramm der Sozialdemokratischen Partei Deutschlands, beschlossen am 28. Oktober 2007. S. 13.
[2] Plessner, Helmuth: Die verspätete Nation. Berlin 2011 [1959].
[3] Hamburger Programm. Grundsatzprogramm der Sozialdemokratischen Partei Deutschlands, beschlossen am 28. Oktober 2007. S. 16.

2. Freiheit und Gleichheit gehören in einer Demokratie zusammen

Bei Freiheit ohne Gleichheit drohen anarchische oder oligarchische Verhältnisse, in denen die Stärksten und Reichsten ungehindert die Macht ausüben. Ein solches Gesellschaftsmodell mutiert zum »Raubtierkapitalismus«. Menschen, die nicht wissen, wovon sie in den nächsten Wochen leben sollen, sind nicht frei. Der Professor für politische Philosophie und ehemalige Kulturstaatsminister Julian Nida-Rümelin bezeichnete in seinem gleichnamigen programmatischen Aufsatz »Freiheit und Gleichheit« als »miteinander verkoppelte Grundnormen der politischen Moderne«:[4] Freiheit ohne Gleichheit propagieren der Neokonservatismus und Libertarismus mancher radikaler Strömungen im rechten politischen Spektrum der USA. Gleichheit ohne Freiheit ist charakteristisch für kommunistische Herrschaftssysteme, wobei, genau genommen, hier mit der Freiheit auch die Gleichheit unter die Räder kommt, denn die Praxis von Parteidiktaturen steht den alten absolutistischen Regimen an Privilegien in nichts nach.

Die Praxis aber, nicht die Parole ist entscheidend. In der Propaganda lässt sich alles behaupten. Das hat uns George Orwell gezeigt. Für das »Wahrheitsministerium« der Diktatur wird Krieg zum Frieden oder Unterdrückung zur Freiheit. Deshalb ist der Praxistest, der Realitätscheck, die Frage nach den wirklichen Bedingungen der Freiheit unvermeidlich. Der Sozialdemokratie ging es »in ihrer Geschichte immer darum, neben den rechtlichen auch die materiellen Voraussetzungen der Freiheit, neben der Gleichheit des Rechts auch die Gleichheit der Teilhabe und der Lebenschancen, also soziale Gerechtigkeit, zu erkämpfen. […] Im sozialdemokratischen Verständnis bilden sie eine Einheit. Sie sind gleichwertig und gleichrangig. Vor allem: Sie bedingen, ergänzen, stützen und begrenzen einander.«[5]

3. Gleichheit, nicht Gleichmacherei

Unter Gleichheit verstehe ich die »gleiche Würde des Menschen«, wie sie Art. 1 der Allgemeinen Erklärung der Menschenrechte von 1948 festschreibt. Sie bedeutet gleiche Freiheit und gleiche Lebenschancen, unabhängig von der Herkunft, gleiche Teilhabe an Bildung, sozialer Sicherheit und Demokratie. Ein Missverständnis müssen wir bei der Begriffsdefinition vermeiden: »Gleiche Lebenschancen bedeuten nicht Gleichmacherei. Im Gegenteil: Sie bieten Raum für die Entfaltung individueller Neigungen und Fähigkeiten. Menschen sind und bleiben verschieden. […] Lebenswege dürfen nicht von vornherein festgelegt sein.«[6]

---

[4] Siehe URL: http://www.philosophie.uni-muenchen.de/lehreinheiten/philosophie_4/dokumente/julian_nida_ruemelin.pdf (11.06.2012).
[5] Hamburger Programm. Grundsatzprogramm der Sozialdemokratischen Partei Deutschlands. S. 16.
[6] Ebd. S. 17.

Die Verwendung und Abrenzung der Begriffe Gleichheit und Gerechtigkeit lässt sich an dieser Stelle einfach erklären: Das Maß an Gerechtigkeit einer Gesellschaft bestimmt sich danach, wie gut wir die Gleichheit im Recht und die Gleichheit der Lebenschancen verwirklichen.

4. Brüderlichkeit oder besser Solidarität

Es kommt noch etwas hinzu. Denn wenn wir Chancengleichheit wollen, reicht es nicht zu sagen, dass jeder seines Glückes Schmied ist. Das ist zwar richtig, aber doch nicht hinreichend. Wer nach Krankheit oder Unfall nicht mehr leistungsfähig ist, braucht eine Sozialversicherung. Wer am Beginn oder im Verlauf seines Lebens mit einem Handicap zu kämpfen hat, braucht Hilfe. Wer keine Erbschaft in die Wiege gelegt bekommt, wer eingewandert ist und zu Hause kein Deutsch hört, aber auch wer hier geboren ist und wessen Eltern nicht schon fließend Englisch und Französisch sprechen und im Zweifelsfall auch hohe Gebühren für die Privatschule zahlen können, der braucht, um gleiche Chancen zu haben, öffentliche Kitas und Schulen, er braucht Unterstützung, Zuspruch, Förderung auch außerhalb seiner Familie. Statt der Brüderlichkeit der Französischen Revolutionäre sprechen wir heute lieber von Solidarität und meinen damit im Kern dasselbe: die wechselseitige Verbundenheit, Zusammengehörigkeit und Hilfe. Sie ist die Bereitschaft der Menschen, füreinander einzustehen und sich gegenseitig zu helfen. Sie gilt zwischen Starken und Schwachen, zwischen Generationen, zwischen den Völkern. In der modernen Demokratie wurde der Grundsatz der Solidarität verfassungsrechtlich im Sozialstaatsgebot verankert und politisch konkretisiert.

5. Wie steht es um die Werte Freiheit, Gleichheit und Brüderlichkeit heute?

Nach dieser notwendigen Begriffsklärung ist die entscheidende Frage, wie es um die Werte Freiheit, Gleichheit und Solidarität heute steht.

Bei der Freiheit fallen uns zwei gegenläufige Tendenzen auf: Wie kraftvoll der Grundwert Freiheit auch heute ist, haben zwei epochale Ereignisse gezeigt, die friedliche Revolution in Mittel- und Osteuropa 1989, deren Werte unser neuer Bundespräsident Joachim Gauck beispielhaft verkörpert, und die »Arabellion« von 2011. In den repressiven und autoritären Regimen des Nahen Ostens und des Warschauer Pakts wurden die Freiheit und Würde der Menschen jahrzehntelang eingeschränkt. Bei den Leipziger Montagsdemonstrationen, auf dem Prager Wenzelsplatz und zwei Jahrzehnte später auf dem Kairoer Tahrir-Platz, forciert durch neue Medien des *Web 2.0* auf *Facebook* und *Twitter*, haben die Menschen ihren Wunsch nach Selbstbestimmung kraftvoll artikuliert.

Es wäre naiv gewesen zu erwarten, dass die jüngste arabische Freiheitsbewegung von Rückschlägen verschont bleibt. Die blutigen Bürgerkriege in Libyen und Syrien haben deutlich gemacht, wie steinig der Weg der Transformation ist. Auch in den Staaten, in denen der Machtwechsel friedlicher ablief, sind nicht plötzlich demokratische Rechtsstaaten nach unserem westlichen Modell entstanden. In Tunesien und Ägypten gingen bei den ersten freien Wahlen islamische Parteien als Sieger hervor. Zur Freiheit gehört aber auch, dass sich die Mehrheit für ein anderes Demokratiemodell entscheiden kann. Ein islamisches Demokratiemodell ist deshalb nicht illegitim, solange die Freiheit des Einzelnen gewahrt wird. Das ist der Maßstab, an dem wir auch die arabischen Parteien messen müssen.

> Zur Freiheit gehört aber auch, dass sich die Mehrheit für ein anderes Demokratiemodell entscheiden kann.

Aber wir müssen gar nicht so weit in die Ferne blicken, um zu sehen, wie ansteckend die Begeisterung für Freiheit ist: Bundespräsident Joachim Gauck hat quer durch alle Bevölkerungsschichten schon bei seiner Kandidatur im Sommer 2010 viele Sympathien geerntet. Er steht mit seiner ganzen Biografie für ein furchtloses Eintreten für Freiheit und den zentralen Wert der Verantwortung.

Andererseits sehen wir mit Sorge, dass einige hundert Kilometer östlich von uns der ungarische Ministerpräsident Viktor Orbán mit Zweidrittelmehrheit eine Verfassungsreform durchsetzt, die drängende Fragen nach der Unabhängigkeit von Justiz und Medien aufwirft. Ganz zu schweigen von Putins »Gelenkter Demokratie«, der sich mit Manipulationen erneut zum Präsidenten Russlands wählen ließ, oder von China, das autoritär die Proteste von Dissidenten niederschlägt, gleichzeitig mit hohen Wachstumsraten glänzt und entsprechend selbstbewusst eine stärkere Rolle im Weltgeschehen beansprucht. Der *Economist* hat auf der Grundlage von Daten des *IWF* und der *Weltbank* berechnet, dass China bereits im Jahr 2018 ein höheres Bruttoinlandsprodukt erwirtschaften könnte als die USA. Die wirtschaftliche Leistungsfähigkeit und der politische Einfluss der westlichen Demokratien werden von einer autoritär regierten aufsteigenden neuen Macht herausgefordert, die noch weit von unseren Standards der Rechtsstaatlichkeit, der Freiheit und der sozialen Sicherheit entfernt ist.

Einen weiteren Stresstest für unser Demokratiemodell bedeuten die Verwerfungen auf den Weltfinanzmärkten. Weltweit wird der Ruf lauter, dass die Verursacher der Krisen für die Folgen zahlen müssen. Als das Casino der Finanzmärkte auf Hochtouren lief, wurden die Gewinne privatisiert. Nach dem Kollaps in Folge der *Lehman*-Pleite und den Turbulenzen in der Euro-Zone wurden Verluste sozialisiert. Es verletzt das Gerechtigkeitsgefühl vieler Menschen in der Mitte unserer Gesell-

Blockupy-Aktivisten auf dem Römerberg in Frankfurt/Main (Mai 2012)

schaft, weit über die jungen Protest-Aktivisten der *Occupy*-Bewegung hinaus, dass Risiko und Haftung auseinanderfallen. Das ist das Gegenteil von Solidarität und ein Bruch mit den Prinzipien der sozialen Marktwirtschaft.

6. Freiheit, Gleichheit, Brüderlichkeit müssen im gemeinsamen Europa verteidigt werden

Die aktuellen Beispiele haben gezeigt: »Freiheit, Gleichheit, Brüderlichkeit«, die Grundforderungen der Französischen Revolution, sind und bleiben Grundpfeiler unserer Demokratie, sie haben große Anziehungskraft, viele Menschen sehnen sich danach und orientieren sich daran, aber sie stehen auch immer wieder in stürmischem Gegenwind.

Wachsende Ungleichheit, neue Rezessionsgefahren in Deutschland und Europa, ein sich zuspitzender Wettbewerb um Wertvorstellungen, globalen Einfluss und wirtschaftlichen Erfolg mit autoritär geführten neuen Mächten, nicht zuletzt die unbewältigte Krise im Euroraum und die fehlende Finanzmarktregulierung: Das sind unsere großen aktuellen Herausforderungen.
In einer globalisierten Welt haben die einzelnen Nationalstaaten sicher kaum eine Chance, auf eigene Faust und auf sich allein gestellt die Dynamik dieser Entwicklungen zu beeinflussen. Sozialstaat und Demokratie, Freiheit und Gleichheit sind zentrale kulturelle Errungenschaften der europäischen Zivilisation und Aufklä-

rung. Wenn wir diese verteidigen wollen, ist ein klares Bekenntnis zu Europa und zur Vertiefung des Einigungsprozesses notwendig.

Der frühere Bundesfinanzminister Peer Steinbrück hat die Alternativen in einer Grundsatzrede auf den Punkt gebracht: »Zerfällt die Europäische Union in einen losen Staatenverbund, reduziert auf einen Binnenmarkt – jeder steht für sich allein –, oder gehen wir weiter den Weg der europäischen Integration vor dem Hintergrund erheblicher politischer, ökonomischer Veränderungen in den globalen Gewichtsklassen?«[7] Denn nur ein vereintes Europa hat die notwendige Kraft, sich gegen aufstrebende Mächte wie z. B. China oder asiatische Tigerstaaten und die Wucht der Finanzmärkte politisch und ökonomisch zu behaupten und das westliche Demokratiemodell einer sozialen, rechtsstaatlich abgesicherten Marktwirtschaft durchzusetzen.

Ich möchte einer Frage nicht ausweichen, die heute an Sozialdemokraten gerichtet wird, wenn von internationalem Wettbewerb und sozialer Gerechtigkeit die Rede ist. Sie lautet: Habt ihr nicht selbst um der Wettbewerbsfähigkeit der Wirtschaft willen die soziale Gerechtigkeit preisgegeben? Habt ihr nicht mit der »Agenda 2010« das Soziale beiseite geschoben, um dem Markt freie Bahn zu schaffen? Eine Antwort darauf muss mit Fakten beginnen, um einer falschen Mythenbildung von Linksaußen zu begegnen: Wir haben, anders als behauptet, keinen Sozialstaats*abbau* betrieben. Die Sozialquote als Anteil der Sozialausgaben am BIP ist nicht gesunken, sondern konstant geblieben. Was wir gemacht haben, ist ein Sozialstaats*umbau*. Dass wir dabei auch gewohnte Besitzstände, etwa im System des Arbeitslosengeldes, anfassen mussten, war unvermeidlich. Zugleich haben wir das Los derer verbessert, die auf dem Abstellgleis der Sozialhilfe standen. Das war gerade im Bewusstsein sozialdemokratischer Grundwerte gerechtfertigt. Sollte ich das Leitbild unserer Reformen in einen Satz bringen, so hieße er: Wir wollten und wollen mehr Chancengleichheit für mehr Menschen. Menschen, die auf Dauer ausgeschlossen sind von Bildung und Arbeit, dürfen wir nicht im Stich lassen. Deshalb haben wir die Bildungsausgaben erhöht und Hunderttausende von Menschen in die aktive Arbeitsvermittlung geholt. Es war überfällig, dies zu tun. Andere Länder haben es uns vorgemacht.

7. Globalisierungsschub: Seit 1989 hat sich die Welt dramatisch verändert

Die Welt hat sich in den vergangenen zwei Jahrzehnten, die ich als Abgeordneter miterlebt habe, dramatisch verändert. 1989 brachte die friedliche Revolution in den

---

[7] Rede von Peer Steinbrück beim SPD-Bundesparteitag am 06.12.2011 in Berlin. URL: http://www.spd.de/aktuelles/Pressemitteilungen/21982/20111206_steinbrueck.html (23.08.2012).

mittel- und osteuropäischen Staaten nicht nur die Berliner Mauer und den Warschauer Pakt zum Einsturz, sondern beschleunigte den Globalisierungsprozess. In Deutschland übertrug Helmut Kohl allerdings nur das reformbedürftige westdeutsche Modell auf die fünf Neuen Länder, statt die Deutsche Einheit für eine komplette Neujustierung zu nutzen. Nach der kurzen Einheitseuphorie kamen zusätzliche Belastungen und versicherungsfremde Leistungen auf unser Sozialsystem zu, so dass die Probleme spätestens zur Jahrtausendwende unübersehbar wurden.

Der viel zitierte »Reformstau« bedrohte die Wettbewerbsfähigkeit unserer Unternehmen. Die deutsche Wirtschaft, stolz auf ihre Qualitätsprodukte *Made in Germany*, sah sich unter enormem Konkurrenz- und Rationalisierungsdruck. Firmen verlagerten ihre Produktion nach Osteuropa und Asien, wo die Löhne wesentlich niedriger lagen. Auch gut ausgebildete Leute wurden entlassen oder fanden erst gar keine Stelle.

8. Doppelter Schock zur Jahrtausendwende

Der *New Economy-Boom* war nur ein kurzes Zwischenspiel, danach erlebten wir einen doppelten Schock, der die beschriebenen Probleme verschärfte: die *Dotcom-Blase* platzte und ließ die Kurse am Neuen Markt abstürzen, wenige Monate später folgte der »11. September«.

Für die Deutschen trat eine völlig ungewohnte Situation ein: Leitartikel und Talkshows zeichneten das Bild von Deutschland als »krankem Mann von Europa«, der unter Überalterung, verkrusteten Strukturen und zu hohen Lohnnebenkosten litt. Die Symptome waren alarmierend: Nach jedem Konjunktureinbruch seit den Öl-Krisen von 1973/74 und 1981/82 blieb eine höhere Sockelarbeitslosigkeit zurück, im Winter 2005 summierte sich die Arbeitslosenquote auf ein Rekordhoch von mehr als fünf Millionen. Unsere überschuldeten Sozialversicherungssysteme waren an ihren Belastungsgrenzen angekommen. Abstiegsangst griff auch in der gut situierten Mittelschicht unter Akademikern um sich.

9. Vom nachsorgenden zum vorsorgenden Sozialstaat

Staaten wie die Niederlande oder Skandinavien schafften es viel besser, die Arbeitslosigkeit niedrig zu halten, und erzielten viel höhere Wachstumsraten als das damalige Schlusslicht in Europa.

Es wurde offensichtlich: Der Grundgedanke unseres Sozialstaats musste sich ändern. Ein Sozialstaat, der sich, wenn das Kind in den Brunnen gefallen ist, mit einem unübersichtlichen Geflecht aus Fördertöpfen um seine Bürger kümmert, stößt an seine Grenzen. Solidarität in Notlagen ist ein zentrales Gebot und der Sozialstaat ist

eine wichtige Errungenschaft. Aber es darf keinen Zustand der sorglosen Daueralimentierung geben, der jeden Wunsch nach Eigeninitiative verkümmern lässt.
Unser Leitgedanke muss deshalb der vorsorgende Sozialstaat sein: Mit klugen Investitionen in Bildung, mit einer aktiven Arbeitsmarkt- und Vermittlungspolitik müssen wir dafür sorgen, dass es gar nicht so weit kommt, dass Menschen in die zermürbende Mühle der Langzeitarbeitslosigkeit fallen, die jedes Selbstwertgefühl ankratzt. Die Pflicht der Politik ist es, faire Rahmenbedingungen zu setzen und für Chancengleichheit zu sorgen. Jeder Bürger soll die Gelegenheit bekommen, sein Potenzial voll zu entfalten.

10. Notwendiger Umbau des Sozialstaats

Weil sie diese Herausforderung erkannt hat, baute die rot-grüne Bundesregierung von 2003 bis 2005 unser Sozialsystem in einem Kraftakt um. Ein solcher Modernisierungsschub wie die »Agenda 2010« geht nie ohne Spannungen aus. Es gab leidenschaftliche Diskussionen in der SPD, die schließlich auch im vorzeitigen Ende der Koalition kulminierten. Dennoch war dieses Programm nach langem Reformstau notwendig. Ähnliche Strukturreformen sind auch in anderen westlichen Staaten notwendig. Die »Agenda 2010« wird fast immer auf »Hartz IV« reduziert. Ihr Ansatz war aber viel breiter: Es war überfällig, Verschiebebahnhöfe zwischen Arbeitslosenhilfe und Sozialhilfe zu beenden und die Arbeitsvermittlung fit zu machen für ihre eigentliche Aufgabe.

Es darf keinen Zustand der sorglosen Daueralimentierung geben, der jeden Wunsch nach Eigeninitiative verkümmern lässt.

Als ehemaliger Bildungsminister bedaure ich es, dass vor allem ein Punkt in den schrillen Debatten um »Hartz IV« zu sehr an den Rand gedrängt wurde: Zu Schröders Agenda-Konzept gehörte es auch, den Ausbau von Ganztagsschulen mit vier Milliarden Euro zu fördern und die Ausgaben in Bildung um 25 Prozent zu erhöhen. Gerade als rohstoffarmes Land haben wir keine wichtigere Ressource als die Kreativität unserer Köpfe. Immer noch investieren wir viel zu wenig in Bildung. Gerade bei den Ganztagsschulen haben wir weiterhin einen gravierenden Nachholbedarf. Die Bildungspolitik wird deshalb eines der Schwerpunktthemen im nächsten Bundestagswahlkampf sein: Spätestens bis 2020 soll für jedes Kind ein Platz in einer Ganztagsschule zur Verfügung stehen.

11. Die Strukturreformen wirken

Im Rückblick sind sich die Ökonomen einig: Den Strukturreformen der »Agenda 2010« verdanken wir es, dass wir nach einer Zeit von Stagnation oder gar Rezession in den Vorkrisenjahren 2006 und 2007 einen Aufschwung mit robusten Wachstumsraten von 2,9 beziehungsweise 2,5 Prozent erlebten. Von der Nachfrage wachsender

Schwellenländer konnte Deutschlands Exportindustrie sehr stark profitieren. Die »Agenda 2010« legte auch den Grundstein dafür, dass wir sehr glimpflich durch die Finanzkrise von 2008/2009 kamen und anschließend beeindruckende Wachstumsraten von 3,6 Prozent (2010) und 3,0 Prozent (2011) vorweisen konnten.

Die »Agenda 2010« hat gewirkt. Die Massen-Arbeitslosigkeit ist zurückgedrängt. Die Arbeitslosenquote liegt bei ca. 7 Prozent und ist so niedrig wie seit der Wiedervereinigung nicht mehr. Die Sozialversicherungskassen sind stabil, in der Gesetzlichen Krankenversicherung haben wir momentan sogar einen Überschuss.

12. Wachsende Schere zwischen Arm und Reich

Dieser Kraftakt hatte jedoch einen Preis. Das *Deutsche Institut für Wirtschaftsforschung (DIW)* benennt die Stagnation der Reallöhne als wesentliches Merkmal der letzten Dekade: »In den vergangenen zehn Jahren reichten die Lohnsteigerungen in Deutschland kaum, um die Teuerung auszugleichen. Längst sind es nicht mehr nur einzelne Gruppen von Arbeitnehmern, die sich mit einer bescheidenen Lohnentwicklung zufrieden geben müssen. Stagnierende oder sogar rückläufige Reallöhne sind mittlerweile ein weit verbreitetes Phänomen, das Männer und Frauen, Teil- und Vollzeitbeschäftigte, einfache Arbeiten und Akademikerjobs, niedrige und gehobene Gehaltsklassen trifft.«[8]

Der klassische Vollzeitjob verliert an Bedeutung: In den letzten 15 Jahren ging sein Anteil von ca. 75 auf 60 Prozent zurück. Verschiedene Formen prekärer Beschäftigung wie Mini-Jobs und Leiharbeit prägen das Bild des Arbeitsmarkts. Vor kurzem kam eine Studie der Universität Duisburg-Essen zu dem Ergebnis, dass in Deutschland knapp 8 Millionen Menschen Niedriglöhne von weniger als 9,15 € pro Stunde bekommen.[9] Schon fast jeder vierte Beschäftigte ist davon betroffen. Besonders bedenklich ist, dass knapp 800.000 Angestellte, obwohl sie jeden Morgen zur Arbeit gehen und eine Vollzeitstelle haben, am Monatsende weniger als 1.000 € Brutto verdienen und ca. 350.000 von ihnen als sogenannte »Aufstocker« zusätzlich noch *ALG II* beantragen müssen.

13. Wir müssen eine neue Balance finden

Deshalb sind eine neue Ordnung auf dem Arbeitsmarkt und vor allem faire Regeln für gute Arbeit nötig. Unsichere Beschäftigung und Niedriglöhne wollen wir zurückdrängen, stattdessen die unbefristete und ordentlich bezahlte Arbeit stärken. Außerdem brauchen wir eine aktive Arbeitsmarktpolitik und neue Chancen

---

[8] DIW-Wochenbericht Nr. 45/2011: Reallöhne 2000-2010: Ein Jahrzehnt ohne Zuwachs.
[9] URL: http://www.iaq.uni-due.de/iaq-report/2012/report2012-01.pdf (12.06.2012).

durch Bildung und Weiterbildung. Für diejenigen, die auf dem ersten Arbeitsmarkt keine Perspektive haben, wollen wir die öffentlich geförderte Beschäftigung ausbauen.

Es ist unsere Aufgabe, das Verhältnis zwischen Freiheit, Gleichheit und Solidarität wieder ins Lot zu bringen. Wenn Einkommen aus Arbeit und Vermögen auseinanderdriften, schwindet der soziale Zusammenhalt. In einer sozialen Marktwirtschaft können wir es auf Dauer nicht akzeptieren, dass zehn Prozent der Bevölkerung in Deutschland gemäß Berechnungen des *DIW* über zwei Drittel des Vermögens verfügen, dagegen mehr als zwei Drittel der Bevölkerung nur einen Anteil am Gesamtvermögen von weniger als zehn Prozent besitzt. Deshalb müssen wir ein Bündnis zwischen den Starken und den Schwachen schmieden. Wir brauchen Gemeinwohlorientierung statt *Laissez-faire* und Ellbogenfreiheit des Stärkeren. Auch unter den schwierigeren Rahmenbedingungen einer globalisierten Welt ist es unsere Aufgabe, unsere Vorstellungen von Freiheit, Gleichheit und Brüderlichkeit zu verteidigen und Aufstiegschancen zu ermöglichen.

14. Kernthesen und Fazit

Fassen wir zusammen:
- In einer Zeit, in der sich die Schere zwischen Arm und Reich vergrößert, stellt sich die Frage nach der Gleichheit mit neuer Dringlichkeit. Die Krisen haben die Solidarität wieder ganz oben auf die Tagesordnung gesetzt. Die Empörung darüber, dass die Verursacher der Krise die Gewinne privatisierten, aber die Verluste sozialisierten, ließ die *Occupy*-Bewegung stark und den Ruf nach der überfälligen Finanzmarkttransaktionssteuer lauter werden.
- Ein Mindestmaß an sozialer Homogenität ist im Interesse aller. Die Spaltung der Gesellschaft darf sich nicht weiter vertiefen. Über die letzten Jahrzehnte hinweg wurden die Reichen reicher und die Armen ärmer. Das gilt zuerst für die Einkommen aus Arbeit, deren Verteilung sich erheblich auseinander entwickelt hat. Noch extremer ist die soziale Ungleichheit bei der Verteilung der Vermögen.
- Unser Modell einer freien und zugleich sozialen Marktwirtschaft steht unter einem scharfen Konkurrenzdruck durch autoritäre Regimes mit hohen Wachstumsraten und wird durch den ungezügelten Finanzmarktkapitalismus herausgefordert.
- Viele Menschen zweifeln an der Steuerungsfähigkeit der Politik. Sie haben den Eindruck, dass nicht demokratisch legitimierte Institutionen ihre Arbeits- und Lebensverhältnisse bestimmen, sondern entfesselte Märkte.
- Deshalb ist ein klares Bekenntnis zur Europäischen Einigung notwendig. Nur ein starkes und geeintes Europa kann den Primat der Politik über die Märkte

zurückgewinnen, unsere Werte und unseren Wohlstand verteidigen. Ein Zerfall der Euro-Zone hätte ziemlich schnell auch eine politische Renationalisierung in der Europäischen Union mit enormen Risiken zur Folge.
- Gesellschaften, die ihre Wettbewerbsfähigkeit verlieren und zu Strukturreformen unfähig sind, werden auch keine soziale Gleichheit garantieren können.

Abschließend möchte ich ganz bewusst einen optimistischen Ausblick geben. Taugen unsere Ideen von Freiheit, Gleichheit und Solidarität für die Stürme unserer Zeit? Sie sind bestimmt keine feste Burg von Glaubenssätzen, hinter deren Mauern wir uns zurückziehen könnten. Niemals sollten wir uns mit betulicher Nostalgie selbst narkotisieren – meines Erachtens die Todsünde einer restaurativ erstarrten Linken. Nie sollten wir uns damit zufrieden geben, dass wir es vermeintlich besser wissen. Nein, wir müssen es vor allem besser *machen*. Unsere Ideen und unsere Grundwerte, nicht nur die von Sozialdemokraten, sondern die unserer Verfassung und unseres Demokratiemodells, müssen sich zu jeder Zeit neu bewähren. Wir können sie nicht schützen und abschirmen vor dem Wandel der Zeit. Wir müssen sie vielmehr immer wieder reformpolitisch fruchtbar machen, in Europa oder im Kreis der *G20* zur Geltung bringen und denen Hilfe geben, die sich dem Fortschritt zur Freiheit und zur Gleichheit der Chancen anschließen wollen.

Dabei haben wir einen Vorzug auf unserer Seite, der gar nicht hoch genug einzuschätzen ist. Ich meine nicht die mehr als zweihundert Jahre historischer Erfahrung seit der Französischen Revolution. Ich meine auch nicht nur den schieren Output unseres Bruttoinlandsproduktes. Als in den 1960er Jahren auf dem Höhepunkt des Kalten Krieges die Entspannungspolitik entwickelt wurde, machte ein neuer Gedanke die Runde, der sich bis 1989 als der Stärkere erwies. Nicht die Zahl der Atomsprengköpfe und nicht die Härte der Gesprächsverweigerung gegenüber dem Ostblock würde die Systemkonkurrenz entscheiden, sondern die große zwanglose Kraft einer besseren Gesellschaft, die über alle Grenzen hinweg auf die Menschen eine unwiderstehliche Anziehungskraft ausübt. Das nannte man einmal »Magnettheorie«.

Das 21. Jahrhundert wird so global sein wie keine Epoche zuvor. Wenn ich höre, dass heute allein bei *Facebook* achthundert Millionen Menschen aller Kontinente miteinander vernetzt sind, bekomme ich eine Ahnung davon. Wir werden so viel wie nie zuvor voneinander wissen und miteinander in Verbindung sein. Das ist die ideale Voraussetzung dafür, dass sich die bessere Idee und die attraktivere Gesellschaft durchsetzen können. Und was ist attraktiver als eine Gesellschaft der Freien und der Gleichen, die einander auf Augenhöhe begegnen?

Die Zukunft der Bürgergesellschaft

Welchen Beitrag können Bürgerstiftungen leisten?

VON UDO DI FABIO

1. Historische Einordnung und Definition des Bürgerbegriffs

»Bürgergesellschaft« ist ein schöner Begriff. Mit dem Wort »Bürger« meint unsere Verfassung die Menschen, die in einem öffentlichen Gemeinwesen miteinander in angeborener Freiheit mit gleichem Recht verbunden sind: als Bürger einer Gemeinde, die Bürger eines Bundeslandes, die Bundesbürger, die Unionsbürger. Geschichtlich gesehen bringt der Bürgerbegriff einen vollen Ton zum Klingen, der mit persönlicher Freiheit, dem Schutz der rechtlichen Ordnung und republikanischer Selbstbestimmung zu tun hat. Die Französische Revolution rückte den Begriff des Bürgers noch ganz in den Mittelpunkt des politischen Selbstverständnisses. Doch dann begannen die politischen Gegner des liberalen Verfassungsstaates spätestens gegen Ende des 19. Jahrhunderts den Begriff des »Bürgerlichen« herabzusetzen, ihn jedenfalls mit scharfer Kritik zu belegen: »bürgerliche Klassenherrschaft«, die höhnische Rede vom kleinen *Bourgeois*, mit seiner geistigen Enge und seiner Angst vor dem sozialen Abstieg und seiner Kälte den leidenden Menschen gegenüber, machte den Begriff ebenso zweideutig wie eine künstlerische Avantgarde, die alles sein wollte, nur nicht bürgerlich.

Das 20. Jahrhundert mit seinem Glanz und seinem abgrundtiefen Elend trieb den antibürgerlichen Affekt auf die Spitze, bevor sie abbrach. Die Einen wollten heroischer Tatmensch sein, mit dem Willen zur Macht, die Anderen die Klassenherrschaft der nur »bürgerlichen« Demokratie in die klassenlose Assoziation aller Menschen überführen. Am Schluss siegten dann aber doch die bürgerlichen Demokratien mit ihren republikanischen Identitäten: Die USA, Kanada, England und Frankreich blieben, wenn man 1945 und 1990 zusammensieht, Sieger dieses inzwischen verblassenden Jahrhunderts. Es waren die Bürger, die aus den Kirchen strömend in Dresden und Leipzig die Mauer zum Einsturz und den Kalten Krieg friedlich zum Ende brachten. Die »Allgemeine Erklärung der Menschenrechte von 1948« machte die bürgerlichen Freiheiten zum Fundament des Weltfriedens, so wie das Grundgesetz der Deutschen seine Grundrechte zu dem Boden machte, auf dem der Kuppelbau der rechtsstaatlichen sozialen Demokratie ruht.

Die große, und in der Erinnerung noch sehr präsente Geschichte lebt noch ein wenig fort, wenn Konservative oder Liberale als bürgerliche Kräfte bezeichnet werden und Andere sich als sozialistische oder ökologische oder neuerdings »netzliberale« Herausforderer einer »bürgerlichen Normalkultur« definieren, die jedenfalls dem Stereotyp entsprechend längst nicht mehr existiert. Weder ist die politische Linke im Personal und Verhalten unbürgerlich, noch ist ein sogenannter bürgerlicher Politiker prinzipiell anders oder gar besser in seinen Ansichten oder seinem Lebensstil.

Aber das sind im Grunde nur noch terminologische Nostalgien. Halten wir den Bürgerbegriff lieber heraus aus den parteipolitischen Profilierungsbemühungen und lassen die Dampfschwaden des alten Kulturkampfs in Ruhe abziehen. Dann sehen wir vor uns eine ganz andere Landschaft. Die Rede von den Bürgern transportiert eine besondere Erwartung. Unser Menschenbild ist einheitlichen Ursprungs, aber mit Bezeichnungen und Attributionen stellen wir den Menschen in verschiedene soziale Kontexte und das ruft dann rechtliche, politische oder kulturelle Besonderheiten in Erinnerung. Wenn von »Verbrauchern« die Rede ist, geht es in der Regel um schutzwürdige Konsumenten, die nicht wissen können, was an Inhaltsstoffen in einer Fleischwurst ist. Wenn jemand als »alleinerziehend« bezeichnet wird, ist das mit dem Hinweis auf besondere Erziehungslasten verbunden. Die Sprache vom »pflegebedürftigen« Menschen richtet das Augenmerk auf mitmenschliche Nähe und fachkundige Versorgung. Der »Eigentümer« wird in der direkten Ansprache häufig auf die Gemeinwohlbindung aus Art. 14 GG hingewiesen, beim Begriff des »Arbeitnehmers« denkt man an das individuelle und kollektive Arbeitsrecht, an Kündigungsschutz und Gewerkschaften. Was wird eigentlich als Kontext aufgerufen, wenn wir von »Bürgern« reden?

Mit dem Begriff des Bürgers verbinde ich aufrechten Gang und selbstbestimmtes Leben. Bürger erstreben die freie Entfaltung als Persönlichkeit (Art. 2 Abs. 1 GG). Dahinter steht ein anspruchsvolles Bild vom Menschen, der für sich selbst, sein nahes Umfeld, aber auch für fernere Gemeinschaften Verantwortung übernimmt. Wenn wir öffentlich von Verantwortung reden, sollten wir das gewiss behutsam tun, nicht bevormundend. Denn die zur Freiheit berufenen Menschen entscheiden selbst, wie sie sich entfalten. Wer die Sonne genießt und die Muße der Arbeit vorzieht, wird in unserer Gesellschaft nicht ausgestoßen, schon gar nicht in Lager verschleppt. Wer nur eigennützig denkt und kalt egoistisch handelt, wird zwar (hoffentlich) schräg

DIE ZUKUNFT DER BÜRGERGESELLSCHAFT

Das *Grundgesetz 49* des israelischen Künstlers Dani Karavan in der Nähe des Reichstags

angesehen, aber er geht nicht seiner Rechte verlustig, macht sich nicht strafbar, solange er das Gesetz nicht bricht. Viele verstehen den Artikel 2 Absatz 1 unserer Verfassung denn auch genau so: Das Recht auf freie Entfaltung der Persönlichkeit sei das Grundrecht zu tun und zu lassen, was man will. Das stimmt auch so – und es greift doch zu kurz.

2. Grundlagen der Bürgergesellschaft

Der Entwurf eines Grundgesetzes durch den Herrenchiemseer Verfassungsausschuss, der im August 1948 tagte, formulierte in seinem Art. 2 Abs. 2 noch: »Jedermann hat die Freiheit, innerhalb der Schranken der Rechtsordnung und der guten Sitten alles zu tun, was Anderen nicht schadet.« Warum hat der Parlamentarische Rat an dieser Formulierung nicht festgehalten und an die Stelle dessen ein »Recht auf freie Entfaltung seiner Persönlichkeit« gesetzt? Entfaltung der Persönlichkeit ist viel anspruchsvoller als lediglich das zu tun, was einem beliebt. Es geht darum, von sich selbst eine Idee zu entwickeln, mit Selbstdisziplin und Anstrengung, Einsicht und Engagement. Bürger streben nach Glück, mit dem Hunger auf Wissen und dem Drang zur Gestaltung der Welt, um hier ihren Ort zu finden, Spuren zu hinterlassen. Ein auf Freiheit gegründetes Gemeinwesen funktioniert nicht, wenn jeder nur seiner Wege geht, tut und lässt, was ihm beliebt. Damit auch diese Freiheit zu tun und lassen, was einem beliebt,

> **Ein auf Freiheit gegründetes Gemeinwesen funktioniert nicht, wenn jeder nur seiner Wege geht, tut und lässt, was ihm beliebt.**

auf Dauer bestehen kann, kommt es auf den vernünftigen Gebrauch der Freiheit an. So etwas kann nicht politisch vorgeschrieben werden, jedenfalls nicht an erster Stelle und nicht in jeder Hinsicht. Der vernünftige Gebrauch der Freiheit wächst aus der Einsicht der Menschen. Andernfalls gefährdet bloßes Freisein sich selbst oder provoziert den Paternalismus bürokratischer Eliten. Es geht also um die Einsicht in die Bedingungen des Freiseins. Es sind die Bedingungen der bürgerlichen Assoziation.

Die Bürgergesellschaft baut auf das Selbstvertrauen, der auf sich bezogenen Verantwortung, also für seine Existenz zu sorgen, Mühen des Alltags ebenso zu ertragen wie das Leben zu genießen und dabei doch immer über sich hinauszugreifen und die Anderen zu erreichen.

- Es beginnt mit dem Prinzip der *Eigenverantwortung*. Der Ruf nach dem Anderen, nach Hilfe ist erlaubt und in der Stunde der Not sogar geboten, aber er steht nicht am Anfang des erwachsenen Lebens. Es ist wie beim plötzlichen Druckabfall im Flugzeug, wenn die Sauerstoffmasken herunterfallen: Erst für sich sorgen, damit wirkungsvoll Anderen geholfen werden kann. Das ist ein Grundprinzip der Bürgergesellschaft, es ist auch die Basis des freiheitlichen Sozialstaates gegen die Versorgungsmentalität eines falsch verstandenen Wohlfahrtsstaates.
- Eine andere unentbehrliche Maxime ist der lebensbejahende Optimismus *selbstexpansiver* Tugenden. Die klassisch humanistische Idee der Bildung, aber auch alle Modelle der neuzeitlichen Gesellschaftsphilosophie setzen auf persönliche Selbstüberschreitung. Gemeint ist der Wille, über sich hinauszuwachsen, der zum schaffenden und weltverstehenden Menschsein gehört. Hier hat Europa manchen Elan verloren, der zum Kern unserer kulturellen Identität gehört.
- Die dritte Bedingung der gelingenden Bürgergesellschaft liegt in der *sozialen* Dimension jeder individuellen Freiheit. Dazu gehört schon vom Ausgangspunkt her eine Einstellung, die den Anderen in seinem Freisein konstitutiv mitdenkt und mit ihm konstruktiv verfährt: Verträge schließt nach Treu und Glauben, Bindungen eingeht und sich verpflichtet fühlt, ohne seine Selbstbestimmung zu opfern oder sein Eigeninteresse zu verleugnen.
- Die Bürgergesellschaft ist nicht identisch mit dem Staat, aber sie trägt ihn als personelles Substrat, ist sein lebendiger Raum. Eine Demokratie ist so gut wie ihre Bürger. Klug zu wählen und keinen Illusionen über das politisch Machbare anzuhängen und die verschachtelten Systeme übernationalen Regierens ebenso pragmatisch wie kritisch nachzuvollziehen, Urteilskraft zu schärfen, öffentliche Ämter und Parteien nicht zu meiden: Das sind die Tugenden des *zoon politikon*. Der zur politischen Beobachtung fähige und zum politischen Handeln bereite Bürger ist deshalb eine weitere Voraussetzung der freien Gesellschaft.

- Und damit zusammen hängt die fünfte Funktionsbedingung der *zivilgesellschaftlichen Selbstgestaltung*: Eine Gesellschaft muss bereit und fähig sein, sich auch ohne Hilfe des Staates und jenseits der Macht von Kollektiven zu organisieren, sonst wird eine postmoderne Staatsgläubigkeit gefördert, die jedes Problem im politischen System ablädt und dann in der Mentalität des *Outsourcings* sorgenfrei weitermacht, und sich nur gelegentlich über steigende Abgaben und die Höhe der Staatsverschuldung wundert.

3. Die Rolle der Bürgerstiftungen

Zu dieser zivilen Selbstorganisation des öffentlichen Nahraums gehören die Bürgerstiftungen. Sie sind ein Stück gelebter Zivilgesellschaft, ein lebensweltlicher Erfahrungs- und Gestaltungsraum. Hier werden intermediäre Brücken geschlagen zwischen Menschen, dem Einzelnen und dem Staat, zwischen Familien und Kommunen, zwischen religiösen Bekenntnissen und verschiedener Herkunft. Es geht fast immer um konkrete Projekte oder Ideen, mit denen im öffentlichen Nahbereich etwas erreicht werden soll. Zum Beispiel die Wiederaneignung eines Stadtviertels durch Menschen, die hier leben, es geht um ein gedeihliches Zusammenleben über kulturelle Differenzen hinweg, um Integration, die Rückkehr in das Arbeitsleben, um Feste, um ästhetische Gestaltung öffentlicher Anlagen, um Ergänzung zur Bildung, um Kinder, Jugendliche, es geht um Angebote für alte Menschen, bis hin zur Begleitung von Sterbenden.

Zur Zivilgesellschaft gehören gewiss politische Initiativen, aber man sollte sich das Bild nicht selbst verengen. Zivilgesellschaft ist alles, was nicht staatlich, nicht wirtschaftlich berechnet oder verwaltungsrechtlich formalisiert daherkommt. Der Begriff zielt auf das, was aus freien Stücken von Menschen konstruktiv geleistet wird. Das fängt in den kleinsten Gemeinschaften wie Ehe und Familie, Freundschaft und Nachbarschaft an, setzt sich aber dann fort im Engagement für einen frei gewählten Zweck, ein Zweck, der einleuchtet, auf den man sich einigt. Was daraus inzwischen entstanden ist, hätte man vor drei Jahrzehnten nicht vorauszusagen gewagt: rund 18.000 rechtsfähige Stiftungen, ein vielfältiges, ein kräftiges Stiftungswesen mit Tatkraft und Fantasie, manchmal mit Ideen experimentierend nur vorübergehend tätig, manchmal über ein ganzes Jahrzehnt reichend und für die Dauer gebaut. Wer hätte das von den Deutschen gedacht, von jenem scheinbar doch so unerschütterlich staatsfixierten und bürokratiegläubigen Volksstamm?

Man soll Erfolge hervorheben, aber nicht überzeichnen. Auch die Zukunft der Bürgergesellschaft sollte niemand in den Farben eines rosaroten Zweckoptimismus malen. Die Gesellschaften Europas haben massive Probleme. Mit zu wenig Nachwuchs, mit einem gewissen Hang zur sozialtechnischen Regulierung, im übermäßigen Vertrauen auf Institutionen und mit der notorischen Bereitschaft, über die Verhältnisse zu leben, haben wir nicht nur natürliche Lebensgrundlagen übermäßig genutzt, sondern sehen nun auch die kulturellen Lebensgrundlagen des Westens erodieren. Der Bittgang von demokratisch gewählten Regierungschefs zu autokratischen Herrschern, damit europäische Staatsanleihen gekauft werden, sollte ein Menetekel sein. Man wird derlei kritisch wahrnehmen müssen, es nicht beschönigen, aber auch nicht gleich den Untergang des Abendlandes beschwören. Denn der alte Kontinent hat Kraft und Quellen der Kreativität, wenn sich die Bürger wieder mehr zutrauen und nicht auf Andere warten. Insofern sind die sich mehrenden Bürgerstiftungen sprießende Pflanzen der Erneuerung: Sie verbinden merkantilen und praktischen Geist, persönliche Zuwendung und Verantwortung für das Gemeinwesen im lokalen und regionalen Raum.

Die Stiftung in ihrer rechtlichen und wirtschaftlichen Verfasstheit fußt auf einem Kapitalstock, aber es geht nicht um gemächliche Zinsverwendung, sondern um die Förderung praktischer Ideen. Wer gute Stiftungen kennt, der weiß wie wichtig die finanzielle Potenz ist, aber wichtiger noch als die Mittel ist der Zweck, die kreative Idee, die zupackende Initiative von Menschen. Das Geld macht etwas möglich, was letztlich doch immer auf persönlichen Einsatz angewiesen bleibt: Wer einen Lesewettbewerb oder interkulturelle Begegnungen, Lebens- und Familienhilfen organisiert, braucht Preisgelder und Mittel für die Aufwandserstattung, aber viel mehr noch brauchen die Initiatoren Fantasie, Mut, Kompetenz, Leidenschaft und persönliche Zugänge.

Was hier an kreativem Potenzial und Engagement neu gewachsen ist, ersetzt weder den unentbehrlichen Sozialstaat noch jene traditionelle Solidarität der Familie oder die Integrationskraft von Sportvereinen und den Wert des klassischen ehrenamtlichen Engagements. Aber es bereichert die bekannten und manchmal schwächer werdenden Formen der traditionellen Zivilgesellschaft und es entlastet den Staat ebenso wie es ihn anregt. Aus der Arbeit von Bürgerstiftungen kommt nicht nur der unmittelbar intendierte Erfolg, es wächst auch das Verständnis für den öffentlichen Lebensraum, für die Institutionen des Marktes, der Demokratie, des sozialen Rechtsstaates. Wer sich freiwillig mit Anderen bindet, um etwas zu bewirken, verändert die Gesellschaft und sich selbst, auch wenn man nach einiger Zeit wieder auseinandergeht, weil die mobile Gesellschaft und neue Pläne der Selbstentfaltung ihren Tribut fordern.

Umso wichtiger ist die Alltagserfahrung, dass man spontan etwas schaffen kann und dass es dann darauf ankommt, ein Projekt zu verstetigen, Andere einzubeziehen, die Stafette weiterzugeben. Das alles klingt vielleicht zu abstrakt, aber worum es geht, zeigen die konkreten Initiativen, die sich einen Stadtteil aneignen und kulturelle Quellen offen legen, Kinder das Schauen und Begreifen lehren, vom Rand in die Mitte der Gesellschaft zurückführen. Sie machen klar, wo eine neue Bürgergesellschaft Wurzeln schlagen könnte. Nicht in einer Zuschauerdemokratie, nicht in hedonistischer Selbstbespiegelung, sondern in der freien Entfaltung der Persönlichkeit und im Wagnis der Bindung. Niemand kann den Menschen vorschreiben, wie sie vernünftigen Gebrauch von ihrer Freiheit machen. Niemand will bevormundet, mit öffentlicher Moral gegängelt werden. Aber das heißt nicht, dass man nicht diejenigen besonders achtet, hervorhebt und ehrt, die so Gebrauch von ihrer Freiheit machen, dass der Zusammenhalt wächst und die Möglichkeiten für alle sich mehren, mit gleichem Recht ihren eigenen Weg zum Glück zu finden.

Bundespräsident Joachim Gauck bei der Preisverleihung für den Ideenwettbewerb Bürgerstiftungen in Berlin (März 2012).

Google in staatlicher Hand?

Studentin Fiona Fritz und Schülerin Julia Kühl über Bildung außerhalb des Unterrichts, den *Social-Media-Hype* und die Frage, wann Sicherheit bedrohlich werden kann

Meine Damen, Sie sind jung, erfolgreich und in einer stabilen sozialstaatlichen Demokratie aufgewachsen. Gibt es für Sie nicht wichtigere Themen als »Freiheit – Sicherheit – Gleichheit«?

FRITZ: Keineswegs. Freiheit ist unser höchstes Gut und das Verhältnis zu konkurrierenden Werten müssen wir täglich neu ausloten, egal wie alt wir sind und welchen Werdegang wir haben.

KÜHL: Und gerade wir jungen Menschen müssen lernen, Freiheit zu gestalten. Das ist eine unglaubliche Herausforderung. Nie hatten Schulabgänger in Deutschland so viele Möglichkeiten, nie war es so schwierig, sich zu entscheiden. Da steckt mehr dahinter als die sprichwörtliche Qual der Wahl. Es geht um die grundsätzliche Frage: Bin ich in der Lage, konstruktiv mit Freiheit umzugehen?

Das sind jetzt aber zwei verschiedene Dinge: Freiheit in Abgrenzung zu Gleichheit und Sicherheit und die Freiheit, zwischen Alternativen zu entscheiden.

FRITZ: Das stimmt. Und doch gehört beides zusammen, weil die Entscheidungen zwischen unterschiedlichen Möglichkeiten zumeist auch Risikoabwägungen beinhalten. Als ich mit 22 Jahren in England zum ersten (und wohl auch letzten) Mal alleine Fallschirm gesprungen bin, hatte ich riesige Angst. Hinterher war ich extrem erleichtert, dass der Schirm aufgegangen ist. Ohne diese Sicherheit wäre das Freiheitserlebnis des Sprungs unmöglich gewesen. Als ich dann aber durch Londons Straßen gelaufen bin und keinen Winkel gefunden habe, der nicht videoüberwacht war, bin ich stutzig geworden: Sicherheit ohne Freiräume kann auch schnell bedrohlich werden.

KÜHL: Freiheit und Sicherheit müssen in einem vernünftigen Verhältnis zueinander stehen. Man kann Neuem nur souverän begegnen, wenn man ein sicheres Fundament für seine Entscheidungen hat. Das kann man lernen und es sollte in der Schule auch viel öfter Thema sein. Wir an der Internatsschule Schloss Hansenberg haben zum Beispiel AGs außerhalb des Unterrichts, die uns die Orientierung in puncto Studienwahl erleichtern. Die Lehrer gehen dabei auf die verschiedenen Interessen der Schüler ein. Es gibt zum Beispiel eine Hirnforschungs-AG, die sich mit dem Beruf des Arztes, aber auch mit ethischen Fragen beschäftigt. Oder eine Japanisch-AG. Durch diese Möglichkeiten, Berufe und Kulturen kennenzulernen, entwickelt man auch grundsätzlich Methoden, einer ungewissen Zukunft selbstbewusster zu begegnen.

FRITZ: Ich sehe dabei aber nicht nur die Schulen in der Pflicht, sondern auch außerschulische Akteure. Noch wichtiger ist aber das Engagement der Schüler selbst. Sie müssen sich entscheiden, vielleicht auch die ein oder andere Pro- und-Contra-Liste schreiben. Wenn man mal scheitert, ist das auch nicht schlimm. Wichtig ist, dass man eine Entscheidung selbst getroffen hat. Wenn das andere für einen tun, wird man doch meist nur unzufrieden.

Wichtig ist also vor allem eine Erziehung zur Freiheit und zur Eigenverantwortlichkeit?

FRITZ: Definitiv! Verantwortungsübernahme beginnt auch lange vor Erreichen der Volljährigkeit. Schon viel früher muss klar werden, dass Entscheidungen Konsequenzen haben, aber auch, dass jeder frei ist in seinen Entscheidungen.

KÜHL: Man muss in der Position sein, Entscheidungen selbstständig und bewusst treffen zu können. Das ist eines der Hauptziele von Erziehung.

Damit sprechen Sie jetzt aber auch die dritte Säule unseres Themas an: die Gleichheit oder soziale Gerechtigkeit. Was ist mit denen, die nicht in der Lage sind, Entscheidungen zu treffen, weil sie schulisch gescheitert sind und keine Entscheidungsspielräume oder einfach kein Selbstbewusstsein haben? Muss Schule da nicht mehr tun?

FRITZ: Als Nachwuchshistorikerin habe ich mich viel mit dem Bildungssystem der vergangenen einhundert Jahre in Deutschland beschäftigt. Etwa mit Lehrerinnen um 1900, die ein strenges Zölibat einhalten mussten und nur wenig am öffentlichen Leben teilnehmen konnten. Oder mit Schulschwänzern in der Weimarer Republik, bei denen es oftmals soziale Gründe für das Fernbleiben von der Schule gab, was man aber damals noch nicht erkannt hatte. Verglichen damit leben wir heute im Bildungs-Schlaraffenland. Gerade in den letzten Jahrzehnten hat sich enorm viel getan. Schule geht heute viel besser auf Schüler ein. Interessant ist aber, dass unabhängig vom System viele Probleme identisch geblieben sind. In manchen Familien nimmt Bildung nach wie vor keinen großen Stellenwert ein, während in anderen ganz klar ist, dass man jeden Tag zur Schule geht. Hier muss man ansetzen und den Leuten bewusst machen, dass es nicht nur um abgehobene Bildung geht, sondern darum, ein eigenverantwortliches Leben zu führen.

Es kommt also nicht auf das System an, sondern auf ein bestimmtes Bewusstsein? Warum kämpfen dann manche Eltern so verbissen dagegen an, dass ihre Kinder künftig zwei Jahre länger mit vermeintlich Leistungsschwächeren zur Schule gehen sollen?

FRITZ: Sicher hat es auch mit Berührungsängsten zu tun. Inhaltlich gerechtfertigt ist es nicht. Ich selbst bin bis zur achten Klasse auf eine integrierte Gesamtschule gegangen. Das hat wunderbar funktioniert. Danach habe ich dann auf das Gymnasium gewechselt, weil ich Abitur machen wollte. Zwar wurden ehemalige Gesamtschüler dort manchmal etwas herablassend behandelt, aber wir haben alle ein gutes Abi gemacht. Mit einer anderen Einstellung bei den Gymnasiasten wäre es natürlich noch einfacher gewesen. Das Problem ist aber auch hier nicht das System, sondern das entsprechende Bewusstsein. Wer etwas verbessern will, sollte deshalb lieber in der Lehrerausbildung ansetzen. Schüler müssen von Lehrern zu mehr Eigenverantwortung ermutigt werden. Kleinere Klassen wären dabei sicher auch hilfreich.

Frau Kühl, die Internatsschule Schloss Hansenberg wird oft als Eliteschule kritisiert, die über hohe Zulassungsbeschränkungen viele Schüler ausschließe ...

KÜHL: Das ist eine schwierige und politisch sehr aufgeladene Debatte, bei der auch oft unscharf argumentiert wird. So wissen viele nicht, dass die Internatsschule Schloss Hansenberg eine staatliche Schule ist, die kein Schulgeld kostet. Kosten fallen nur für das Wohnen im Internat an. Prinzipiell kann also wirklich jeder diese Schule besuchen, der die Aufnahmetests besteht. Klar ist aber, dass eine von der Gesellschaft ermöglichte gute Schulbildung auch verpflichtet, der Gesellschaft später etwas zurückzugeben. Das trifft aber auf viele Schüler zu, nicht nur auf die Hansenberger.

Der Gesellschaft etwas geben können Menschen gerade auch, wenn sie jung und voller Tatendrang sind. Unsere Allensbach-Umfrage zum Sinclair-Haus-Gespräch hat ergeben, dass Menschen unter 30 Jahren besonders freiheitsorientiert sind und an ihre Einflussmöglichkeiten glauben. Sollte die Politik stärker auf die Jüngeren hören?

FRITZ: Das kann auf keinen Fall schaden. Wenn man jung ist, hat man es ziemlich schwer, ernst genommen zu werden. Ich durfte einmal zusammen mit anderen jungen Leuten aus Europa auf einem Podium mit Helmut Schmidt sitzen. Es war schon eine Herausforderung, mit einer so berühmten Person zu diskutieren. Auf manche Fragen wollte er nicht so richtig antworten. Ich kann mir schon vorstellen, dass manches aus dem Mund junger Menschen für Politiker banal und nicht sehr originell klingt. Weniger wichtig sind Fragen von Ju-

Den Blick auf das Wesentliche richten – Angela Merkel im Gespräch mit Jugendlichen

gendlichen und jungen Erwachsenen aber auf keinen Fall. Oft richten sie den Blick auf das Wesentliche und verlieren sich nicht in Details.

KÜHL: Das Sinclair-Haus-Gespräch ist ja auch eine ziemlich etablierte Runde. Umso schöner, dass wir als »Botschafterinnen der Zukunft« eingeladen wurden und mitdiskutieren konnten. Positiv überrascht hat mich, dass wir auch außerhalb der großen Runde in den Pausen und beim Abendessen gezielt nach unserer Meinung gefragt wurden.

Das freut uns zu hören und ist offen gesagt auch eine Neuerung. Wir als Stiftung hatten irgendwann das Gefühl, dass ein wesentlicher Teil der Gesellschaft fehlt, wenn man nur Honoratioren und etablierte Fachleute zum Sinclair-Haus-Gespräch einlädt. Um das Thema noch ein wenig weiterzuspinnen: Glauben Sie, dass die Skepsis der etablierten Politik gegenüber der Jugend nicht letztendlich dieselbe ist, die die Politik gegenüber dem »einfachen Bürger« an den Tag legt?

KÜHL: Sie spielen auf die Debatten um politische Beteiligung und direkte Demokratie an? Da ist aber auch der Bürger gefragt, nicht nur die Politik. Für mich bedeutet Beteiligung auf jeden Fall mehr als nur zur Wahl zu gehen. Die Bürger müssen sich aktiv über politische Fragen austauschen und zur Diskussion beitragen. So wie man es als Schüler im Politik- und Wirtschaftsunterricht macht. Mit Engagement kann man viel erreichen. Ob aber gleich eine größere Beteiligung an Entscheidungen nötig ist, etwa über Volksentscheide, da bin ich skeptisch. Bei kommunalen Angelegenheiten kann das sicher sinnvoll sein. Generell würde ich die Hürden für solche Abstimmungen aber eher hoch legen.

FRITZ: Als Bürgerin Freiburgs durfte ich beim Volksentscheid über »Stuttgart 21« abstimmen. Für mich war das unglaublich schwierig. Ich bin schon an dem Anspruch gescheitert, mich vernünftig und neutral zu informieren. Es gab zu viel Material von zu vielen Seiten und Parteien. Außerdem war ich in Freiburg überhaupt nicht direkt betroffen. Wie sollte ich das Projekt da beurteilen? Manchmal bin ich wirklich froh, nicht über alles abstimmen zu müssen. Insofern ist unser repräsentatives System schon gut. Punktuell ist mehr Beteiligung aber sicher sinnvoll.

Glauben Sie, dass Internet und soziale Medien mehr Freiheit und Bürgerbeteiligung bringen?

FRITZ: Das ist zweischneidig. Einerseits bietet das Internet natürlich tolle neue Kommunikationsmöglichkeiten. Andererseits hängt es diejenigen ab, die über keinen freien Netzzugang verfügen, sei es aus ökonomischen Gründen, sei es, weil sie in einem Land mit Zensur leben wie in China. Das Netz macht also nicht alleine glücklich. Die Rahmenbedingungen müssen auch stimmen.

Stimmen diese denn, wenn wir unsere gesamten persönlichen Daten wenigen großen Konzernen zur Verfügung stellen, die nicht gerade Kandidaten für einen Transparenz-Preis sind?

KÜHL: Als Nutzer muss man schon wissen, was man tut. Ein bewusster und kompetenter Umgang ist sicher die wichtigste Voraussetzung, um im Netz nicht auf die Nase zu fallen. Ohne Vertrauen in die Anbieter geht es aber auch nicht, obwohl ich zugeben muss, dass bei mir ein gewisses Restmisstrauen bleibt.

FRITZ: Mal umgekehrt gefragt: Würden Sie *Google* lieber in staatlicher Hand sehen? Ich nicht. Zumindest würde das Ganze nicht automatisch besser, sondern hinge immer vom jeweiligen Staat und den Regierungen ab. Ich sage nur wieder China. Da sähe ich schwarz. Und auch unser Staat sammelt fleißig Daten.

Hat die Politik das Internetthema verschlafen?

KÜHL: Zumindest hat sie mittlerweile gemerkt, dass es nicht einfach ein *Hype* ist, der vorbeigeht, sondern dass man sich darum kümmern muss, vor allem um den Datenschutz. Ich glaube aber nicht, dass es dafür eine spezielle Partei braucht. Das Netz sollte in jedem politischen Programm vorkommen.

Haben Sie schon einmal einem Politiker über Twitter Ihre Meinung gesagt?

KÜHL: Ich folge noch keinem Politiker in sozialen Medien, nutze aber die Seite der Bundeszentrale für politische Bildung, um mich zu informieren.

FRITZ: Ich *like* auch keine Parteien, bin aber in der Vergangenheit viel mit *NGOs* in Verbindung gekommen, deren Seiten ich dann auch abonniert habe. Generell bin ich aber keine hyperaktive *Facebook*-Nutzerin.

Sie haben gesagt, der Staat wäre auch kein besserer Plattformanbieter. Nicht nur bei den sozialen Medien, auch in Bezug auf die europäische Wirtschaftskrise stellt sich die Frage nach dem Verhältnis von freiem Markt und staatlichem Rahmen. Frau Kühl, Sie und Ihr Hansenberg-Team haben mal mit der Idee eines Schnürsenkel-Clips einen Existenzgründungswettbewerb gewonnen. Konnten Sie aus dieser Erfahrung im Kleinen auch etwas für die großen Wirtschaftsthemen lernen, die in Europa tagtäglich diskutiert werden?

KÜHL: Das war in der Tat lustig, weil uns die Idee zu dem Produkt kam, als jemandem beim *Brainstorming* der Schuh aufging. So laufen kreative Prozesse ab, aber natürlich sollte so nicht über Wirtschaftspolitik entschieden werden. Trotzdem gibt es viele Parallelen zwischen diesen großen Prozessen und unseren Szenarien im Wettbewerb. *Best-Case-*, *Realistic-Case-* und *Worst-Case-*Szenarien zu entwerfen, dürfte dieser Tage auch eine der Hauptaufgaben unserer Wirtschaftspolitiker sein. Der Staat muss sich heute wie die Privatwirtschaft schnell und flexibel auf Neues einstellen können. Das Wirtschaftssystem muss daher flexibel und anpassungsfähig sein, um auf Veränderungen und Wandel reagieren zu können. Zu strenges Durchplanen ist da hinderlich.

Frau Fritz, Sie haben über Konflikte in der europäischen Geschichte gearbeitet. Brauchen wir mehr Europa?

FRITZ: Ich denke nicht, dass wir bald die Vereinigten Staaten von Europa haben werden. Aber die EU sollte und wird stärker zusammenwachsen. Gerade auf kultureller Ebene ist das wünschenswert. Ich fände auch eine europäische Geschichtsschreibung gut, eine multiperspektivische Sichtweise auf die Prozesse in Europa, die der Vielfalt gerecht wird. Außerdem wäre es schön, wenn es mehr EU-Befürworter gäbe und für EU-Bürger mehr Gestaltungsrechte und -möglichkeiten. Ich wünsche mir auf jeden Fall mehr Europa.

Die Probleme in Europa scheinen riesig. Sie waren jeweils längere Zeit in Indien, Israel und Nicaragua. Relativiert das für Sie die europäischen Sorgen?

FRITZ: Ja, absolut. Armut in Indien oder Nicaragua ist etwas völlig anderes. Verglichen damit kommt es einem merkwürdig vor, wenn dann in Deutschland von Armut gesprochen wird. Allerdings wäre es auch fatal, die eigenen Probleme nicht ernst zu nehmen, nur weil es woanders noch schlimmer ist.

Dann packen wir sie zum Schluss unseres Gesprächs einmal richtig an. Wenn Sie Bundeskanzlerin wären und eine politische Maßnahme zum Wohle unseres Landes umsetzen könnten, ohne Wähler und Parlamente fragen zu müssen, welche wäre das?

FRITZ: Ich würde mehr in Bildung investieren. Zunächst würde ich aber ein Beraterteam aus qualifizierten Leuten inklusive Schülern und Lehrern bilden.

KÜHL: Auch ich würde mich um Bildung kümmern, vor allem um einen Ausbau der Bildung jenseits des Unterrichts.

Dann wünschen wir Ihnen für die Zukunft alles Gute. Wenn es soweit ist, werden wir Sie gerne an Ihr Vorhaben erinnern ...

Das Interview führte Roman Weigand.

IV. Freiheit und politischer Liberalismus

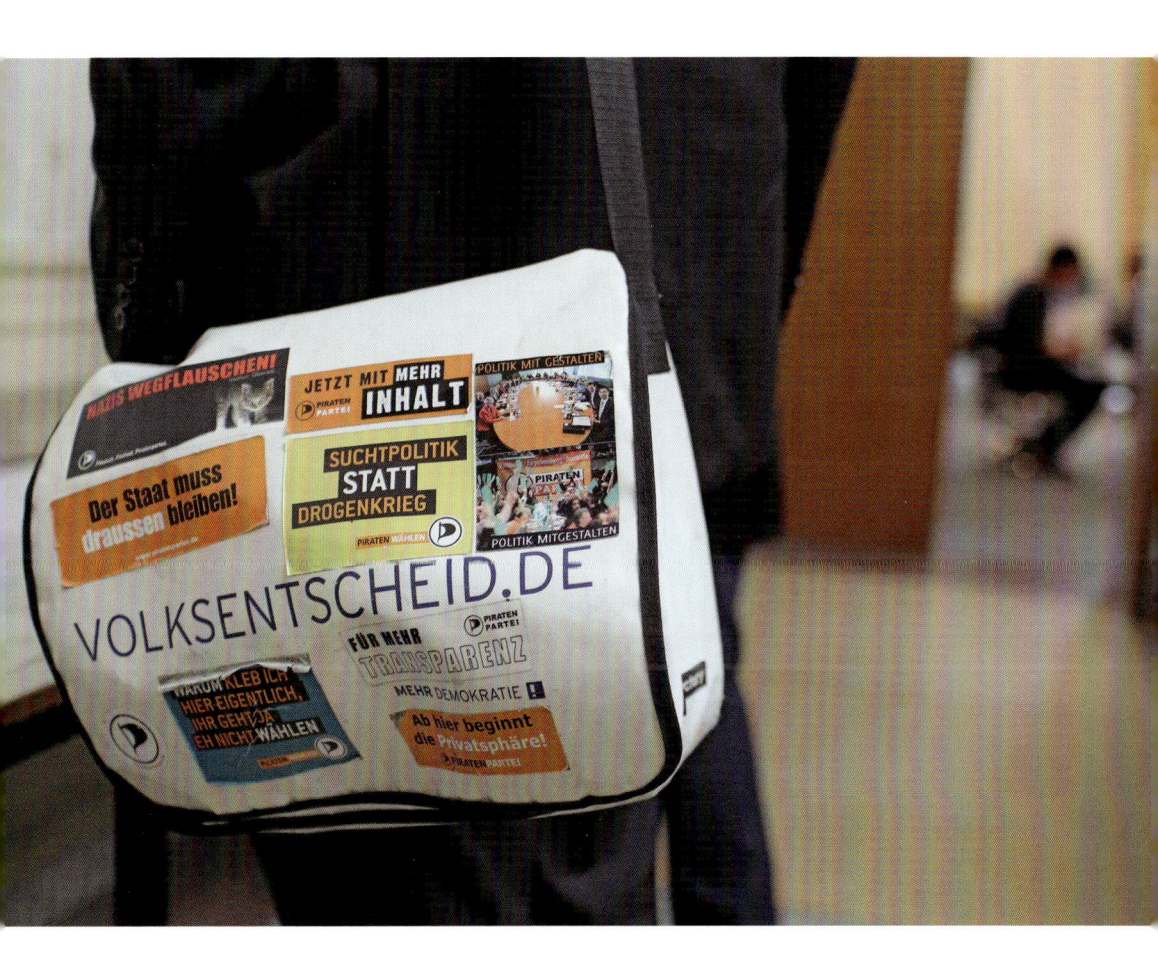

Der unternehmerische Mensch

Oder: Quo vadis politischer Liberalismus?

VON VOLKER WISSING

Die Sehnsucht nach einem ausgeglichenen Verhältnis von Freiheit, Gleichheit und Sicherheit in einer Gesellschaft ist allzu verständlich. Wer nach einem solchen Ausgleich bei politischen Parteien sucht, muss aber enttäuscht werden. Politik fängt dort an, wo Freiheit und Gleichheit oder Freiheit und Sicherheit in Konflikt miteinander geraten. Dann nämlich ist eine politische Entscheidung gefordert, für oder gegen das eine beziehungsweise das jeweils andere. Jeder Werbestratege wird von seiner Partei lauthals behaupten, dass sie diesen Konflikt löst, indem sie sowohl der Freiheit als auch der Gleichheit oder Sicherheit in vollem Umfang Rechnung tragen kann. In Wahrheit aber ist das unmöglich. Die politischen Parteien unterscheiden sich in ihren Grundsatzprogrammen im Kern dadurch, dass sie eine prinzipielle Präferenz für Freiheit oder die mit ihr konkurrierenden Werte haben. So gewichten die Liberalen etwa das Freiheitsinteresse eines Individuums besonders hoch. Dass dadurch ungleiche Ergebnisse entstehen, ist eine logische Konsequenz. Will man diese Ungleichheit um keinen Preis, muss man die Freiheit des Einzelnen der Gleichheit opfern.

Das wird im politischen Alltag nicht immer deutlich, insbesondere dann nicht, wenn verschiedene Parteien, etwa weil sie miteinander koalieren, einen Kompromiss aushandeln müssen oder aber auch in den Fällen, in denen äußere Zwänge die politischen Handlungsspielräume auf wenige, kurzfristig vielleicht sogar auf eine einzige verantwortbare Handlungsoption verengen. Die gegenwärtige Finanzkrise ist ein anschauliches Beispiel dafür. Das ändert aber nichts an den fundamentalen Unterschieden zwischen der politischen Ausrichtung von Parteien. Auch trifft es nicht zu, dass die grundsätzliche Höhergewichtung der Freiheit, wie Liberale sie vornehmen, von anderen Parteien mit anderen Präferenzen nebenbei vertreten werden könnte. Erstaunlicherweise liest man eine solche These häufiger in Veröffentlichungen, die sich mit der recht abwegigen Frage auseinandersetzen, ob man eine eigenständige liberale Partei braucht. Es wäre doch schizophren, im Konfliktfall für das eine zu sein, ohne das andere unterzuordnen.

Wer nach einem Ausgleich zwischen Freiheit, Gleichheit und Sicherheit sucht, kann nicht bei einer Partei fündig werden, sondern nur im Wettbewerb zwischen den Parteien, dem Pluralismus, der einen Ausgleich durch subjektive Gewichtung des Souveräns bei Wahlen sucht. Dieser Pluralismus setzt voraus, dass es neben dem Angebot der Präferenz für Gleichheit oder Sicherheit auch ein eigenständiges liberales Angebot gibt. Die Frage »Quo vadis politischer Liberalismus?« hängt in diesem Sinne eng mit der Frage zusammen, wohin sich die deutsche Gesellschaft insgesamt entwickelt.

> **Wer nach einem Ausgleich zwischen Freiheit, Gleichheit und Sicherheit sucht, kann nicht bei einer Partei fündig werden.**

Die Liberalen sehen sich, wie alle anderen Parteien auch, mit der Frage konfrontiert, was ihre politischen Grundprinzipien dem Einzelnen heute in seinem Alltag für Vor- oder Nachteile bringen. Letztlich orientieren sich die Menschen an dieser Frage, wenn sie eine Wahlentscheidung treffen. Dass diese inhaltliche Auseinandersetzung mit politischen Parteien nicht bei allen Wählerinnen und Wählern im Vordergrund steht, sei hier einmal ausgeklammert. Die Sympathie von Personen spielt bekanntlich auch eine besonders wichtige Rolle, ebenso das Auftreten einer Partei in der Öffentlichkeit oder auch die Wortwahl ihrer Repräsentanten in bestimmten Situationen. Ich möchte mich hier aber auf die Inhalte konzentrieren, das programmatische Angebot.

Grundsatzprogramme politischer Parteien bedürfen einer regelmäßigen Überarbeitung, weil sich die Lebensumstände verändern und der abstrakte Kern eines politischen Programms die Menschen in ihrem Alltag schwer erreicht. »Im Zweifel für die Freiheit« ist und bleibt der unverrückbare Kern jedes früheren und auch des neuen Grundsatzprogramms der FDP. Aber so abstrakt überzeugt die Botschaft kaum.

Der Arbeitslose etwa fragt sich, ob er mit dieser Freiheit alleine gelassen wird. Junge Menschen haben das Gefühl, dass sie heute ohnehin weitgehend machen können, was sie wollen und zusätzliche Freiheit ihnen keinen erkennbaren Mehrwert bringt. Ein selbstständiger Unternehmer kommt angesichts der Kasinomentalität an den Finanzmärkten leicht auf den Gedanken, dass nicht zu wenig, sondern zu viel Freiheit das Problem unserer Zeit sein könnte. Die Schwierigkeit der Übersetzung politischer Kernbotschaften in den Lebensalltag teilen Liberale durchaus mit anderen Parteien. Das Ziel eines demokratischen Sozialismus, das die SPD verfolgt, ist auch recht abstrakt. Und was das konservative Element einer sich immer schneller wandelnden Gesellschaft sein soll, bleibt auf den ersten Blick für viele im Verborgenen.

Zwischen Freiheit und Sicherheit: Neue Herausforderungen an die Rechts- und Innenpolitik nach dem 11.09.2001

Gleichwohl scheint es mit dem Liberalismus schwieriger zu sein, als mit anderen politischen Ideen. »Die Freiheit ist ein wundersames Tier und manche Menschen haben Angst vor ihr«, schreibt Georg Danzer trefflich in einem seiner Lieder. Und diese Angst ist nicht zu unterschätzen. Mit kaum einem Gefühl lässt sich besser Politik gegen Freiheit machen als mit der Angst. Umso wichtiger ist es für den organisierten Liberalismus, dass er diese Grundängste sehr ernst nimmt und all die konkreten Befürchtungen aufgreift, die Menschen mit zu viel Freiheit in Verbindung bringen können.

Eine große Herausforderung in der Rechts- und Innenpolitik war für Liberale der 11. September 2001: Reihenweise wurden Polizeigesetze verschärft und vorschnell jede Stimme für persönliche Freiheitsrechte als Sicherheitsrisiko diffamiert. Man hatte den Eindruck, als habe der Satz von Benjamin Franklin »Wer die Freiheit der Sicherheit opfert, wird am Ende beides verlieren« über Nacht seine Bedeutung verloren. Dabei waren die Terroranschläge in den USA keinesfalls mit einem zu weit gehenden Schutz persönlicher Freiheitsrechte in Verbindung zu bringen.

Auch die gegenwärtige Finanzkrise ist eine große Herausforderung für Liberale, weil die Menschen das Vertrauen verloren haben, dass Freiheit in unserer Gesellschaft auch von jemandem verantwortet wird. Die Chancen privat, das Risiko der

Staat, ist kein akzeptables Prinzip. Es ist aber auch keine liberale Haltung, weil die Freiheit des Einzelnen, in diesem Falle des Investors am Kapitalmarkt, eine klare Grenze haben muss: die Freiheit des anderen. Und anstatt die Marktakteure zur Verantwortung zu zwingen, hat sich der Staat in eine hilflose Situation bringen lassen, in der er die Risiken der einen für alle anderen übernehmen musste, um sie vor noch größerem Schaden zu bewahren. Es sind Risiken der Freiheit, um die es hier geht. Aber der Grund, weshalb die Allgemeinheit sie tragen muss, ist ausschließlich mangelnde Verantwortung der Investoren. Das Prinzip der sozialen Marktwirtschaft, wonach private Freiheit auch privat verantwortet werden muss, hat hier vollständig versagt. Der Staat wurde seiner originären Aufgabe nicht gerecht und hat mehr zugesehen als regiert. Dass diese Misere kein politischer Amtsträger verantworten möchte, ist menschlich, dass man aber versucht, die Schuld für reihenweises Versagen in Regierungsbänken beim politischen Liberalismus abzuladen, ist dreist. Geradezu paradox wird der Versuch, wenn ausgerechnet die gescholtenen Liberalen immer wieder alleine dastehen, wenn sie darauf bestehen, dass private Risiken wieder privat verantwortet werden. Wir alle erinnern uns noch an den Fall *General Motors*, als das Unternehmen versucht hat, die Risiken der eigenen Geschäftspolitik auf Kosten unseres Landes zu sozialisieren. Oder nehmen Sie das jüngste Beispiel, die Insolvenz von *Schlecker*. Hier haben Politiker ernsthaft versucht, die Gläubiger einer insolventen Firma auf Kosten der Allgemeinheit von ihren Risiken zu befreien. Man kann durchaus verstehen, wenn die Politik Insolvenzen bedauert. Aber es ist doch nicht ihre Aufgabe, sie auf Kosten des Staates zu verhindern. Schon gar nicht, wenn sich Private dadurch ihrer Risiken entledigen können. Was soll denn die Lehre aus der Krise sein, wenn nicht diese?

> **Die Chancen privat, das Risiko der Staat, ist kein akzeptables Prinzip.**

Die öffentliche Debatte macht deutlich, dass in unserer Gesellschaft wenig unternehmerisch gedacht wird. Die Insolvenz als wichtiges Instrument der Marktbereinigung wird vielfach eher als Problem gesehen. Bedeutende politische Kräfte vermitteln gar den Eindruck, es sei eine wichtige Aufgabe, möglichst gar keine Insolvenzen mehr zu haben. »Was tun Sie als Politiker konkret gegen die Insolvenz von Firma X?«, wird in Talkrunden ganz selbstverständlich gefragt. In einer Marktwirtschaft kann die einzig vernünftige Antwort nur »gar nichts« lauten. Schließlich geht das den Staat nichts an, wenn man vom Vollzug der Insolvenzordnung absieht. Aber wer traut sich das heute noch zu sagen?
Es gibt gesellschaftliche Gruppen, die den Wert der Freiheit für sich im Alltag leichter erkennen als andere. Landwirte haben verinnerlicht, dass auf ihren Feldern nichts wächst, wenn sie sich nicht selbst darum kümmern. Sie wissen, dass sie ihre Ernte selbst verantworten. Deshalb wollen sie vor allen Dingen eines: bei der Arbeit nicht

gestört und von staatlicher Bürokratie nicht aufgehalten werden. Ein selbstständiger Unternehmer, der eine Geschäftsidee verwirklichen möchte, erlebt konkret, was es bedeutet, wenn staatliche Auflagen oder zu hohe Abgaben die Wettbewerbsfähigkeit seiner Produkte mindern und am Ende die Aufträge ausbleiben. Keine Frage: bei Unternehmern hat es der Liberalismus leichter. Deshalb kam er auch schnell in den Verdacht, nur für eine bestimmte gesellschaftliche Gruppe Politik zu betreiben.

Dieser Blick verengt die politische Idee aber zu Unrecht. Wenn man Freiheit nämlich nicht als Selbstzweck, sondern als Recht zur Verantwortung begreift, schafft sie ein hoch effizientes Anreizsystem. Davon profitieren alle, weil aus der Summe individueller Leistungen ein gesellschaftlicher Mehrwert entsteht.

- Der Jugendliche findet leichter einen Ausbildungsplatz,
- der Arbeitslose eine Arbeitsstelle,
- für Bedürftige steht ein solides und engmaschiges soziales Netz zur Verfügung,
- dank innovativer Forschung und Entwicklung können Krankheiten besser geheilt werden,
- die Umwelt wird durch immer effizientere und modernere Verfahren geschützt,
- Ressourcen werden geschont.

Die Reihe lässt sich beliebig fortsetzen. Diese Zusammenhänge deutlich zu machen, ist eine Kernaufgabe einer liberalen Partei. Die FDP hat sich ihr mit dem neuen Grundsatzprogramm gestellt. Es ist keine Neuausrichtung der Partei entstanden. Es ist auch keine Abkehr vom inhaltlichen Kern. Auch in Zukunft gilt: im Zweifel für die Freiheit. Das neue Grundsatzprogramm greift aber neue gesellschaftliche Fragen auf und übersetzt die Kernbotschaft, damit ihr Wert im Alltag sichtbar wird.

Der politische Liberalismus hat gute Chancen in Deutschland, weil unser Land ihn braucht. Er hat wesentlich zur Entwicklung der Bundesrepublik beigetragen. Keine Idee hat das Grundgesetz stärker geprägt als der Schutz der individuellen Freiheit.

Freiheit – die Botschaft wird gebraucht

Erwartungen an einen echten Liberalismus

VON REINHARD MÜLLER

Sind die Piraten die neuen Liberalen? Auf den ersten Blick scheint die Freiheit bei den Freibeutern hoch im Kurs zu stehen. Doch handelt es sich eher um Beliebigkeit. Vor allem auf ihrem zentralen Feld, der Netzpolitik, sind sie radikal: »Freies Kopieren, freie Nutzung, freie Infrastruktur«, lautet die Parole. Diese Freiheit ist bindungs- und verantwortungslos, sie geht auf Kosten anderer, missachtet Grundrechte. Bei vermeintlich »rechtem« Gedankengut ist man dann gar nicht mehr so liberal: So wichtig es ist, sich von Rechtsextremisten abzugrenzen – die Forderung, die Strafbarkeit des Holocaust-Leugnens abzuschaffen, ist keineswegs per se extremistisch, sondern auf dem Boden des Grundgesetzes durchaus vertretbar. Gleichwohl werden offenbar Parteimitglieder, die von einer imaginären Linie abweichen, auch auf rechtlich zweifelhaftem Wege kaltgestellt und diffamiert.

So liberal sind die Piraten also. Aber braucht man heute überhaupt noch Liberale? Selbst FDP-Politikern fällt es schwer, ihren Grundsatz »Im Zweifel für die Freiheit« in konkrete Politik zu übersetzen. Wenn den Freien Demokraten in der Praxis doch meist nur einfällt, sich für die Sicherheit – und damit vermeintlich sichere Wahlerfolge – zu entscheiden, so mag sich der Wähler fragen, warum er sich nicht gleich anderen Parteien zuwenden soll. Dabei wird ein politischer Liberalismus, der nicht nur als Floskel im Sinne Loriots daherkommt (»Im liberalen Sinne heißt liberal nicht nur liberal«[1]), durchaus gebraucht, mindestens als Korrektiv. Zwar leben wir in einer der freiesten aller Gesellschaften, aber auch in einer, in der sich dirigistische, einschnürende Beschränkungen und Gleichmachereien im Namen von Gerechtigkeit und Sicherheit ausbreiten – vom Wohlfahrtsstaat bis zur Energiewende.

---

[1] Aus dem Loriot-Sketch: »Der Wähler fragt.« URL: http://youtube.com/watch?v=msizyUXR-no (23.07.2012).

Die Freiheit hat dagegen einen schweren Stand. Mit Freiheit ist kaum Wahlkampf zu machen, mit Sicherheitsversprechen schon. Freiheit ist mit Zumutungen verbunden: etwa, dass auch und gerade Wirrköpfe ihre Meinung laut sagen und demonstrieren dürfen. Freiheit ist mit Risiko und Unsicherheit verbunden – die meisten wollen das nicht. Und war es nicht auch die Freiheit, welche die weltweite Finanzkrise erst möglich gemacht hat? Waren es nicht hemmungsloses Spekulantentum auf den Finanzmärkten und ebensolche Verschuldung, die die große Krise ausgelöst haben? Das aber wäre wieder ein piratenhaftes Verständnis von Freiheit: ohne Rücksicht, ohne Verantwortung. Richtig ist auch, dass Freiheit Voraussetzungen hat. Wie kann jemand von seiner Freiheit Gebrauch machen, der arm, krank und obdachlos ist? Erschöpft sich dessen Handlungsfreiheit nicht in der Wahl, unter welcher Brücke er schlafen kann? Deshalb muss der Staat die Bedingungen dafür schaffen, dass jeder in Würde leben kann. Doch bleibt es richtig, jeden daran zu erinnern, dass er zunächst selbst für sich verantwortlich ist.

Es ist eine Frage des Blickwinkels: Richtet man sich in der Versorgung von Hilfsbedürftigen ein und streitet nur noch über die Höhe der *Hartz-IV*-Sätze oder macht man den Leuten Mut und gibt ihnen Gelegenheit zum Neuanfang? Sieht man die Insolvenz eines Konzerns oder eines Staates als Katastrophe an, die es um jeden Preis, also auf Kosten der Allgemeinheit, zu vermeiden gilt oder sieht man darin die Chance zum Neubeginn?

Der Staat muss die Bedingungen schaffen, dass jeder in Würde leben kann.

Der Staat muss Freiheit möglich machen. Gegen Monopolisten muss er sich wehren. Der Kampf liberaler Politik gegen staatliche Maßnahmen wirkt freilich etwas altbacken, wenn er den »bösen Staat« zum Feindbild hat. So nimmt es fast tragische Züge an, wie sich die Liberalen etwa an der Vorratsdatenspeicherung abarbeiten. Laut Bundesverfassungsgericht soll dadurch ein »diffus bedrohliches Gefühl des Beobachtetseins« verhindert werden.[2] Hier schwimmen die Karlsruher Richter auf einer noch gar nicht vorhandenen Welle der Totalerfassung. Es wird fälschlich der Eindruck erweckt, mit der Speicherung würden gezielt Persönlichkeitsprofile aller Bürger erstellt und dann potenziell für alle möglichen Zwecke genutzt. So richtig es ist, mögliche Missbrauchsszenarien an die Wand zu malen und Datensicherheit anzumahnen: Hier geht es zunächst um die bloße Speicherung von Verbindungsdaten; für den Zugriff auf sie bedarf es weiterer Voraussetzungen. Und die müssen künftig streng sein. Nicht zu vergessen ist jedoch, dass der Zweck der Vorratsdatenspeicherung die wirksame Aufklärung von Straftaten und die Gefahrenabwehr ist. Und das ist nicht per se eine Bedrohung für die Freiheit der Bürger. Ganz abgesehen davon, dass die Vorratsdatenspeicherung europarechtlich – und von Deutschland mit beschlossen – vorgegeben ist.

So ist die Vorratsdatenspeicherung nicht zu Unrecht ein Thema für liberale Politik. Sie aber zum entscheidenden Zankapfel zu machen, der über Wohl und Wehe einer Koalition entscheidet, deutet auf ein verkrampftes Verständnis von Freiheit hin, das zudem kaum zu vermitteln ist. Auch bei der Terrorismusbekämpfung nach den Anschlägen vom 11. September 2001 verlor mancher Liberale den wahren Gegner aus dem Blick. Das waren und sind jene Fanatiker und Freiheitsfeinde, die unsere Art zu leben mit allen Mitteln bekämpfen. Darauf muss der liberale Rechtsstaat eine Antwort geben. Und die kann nicht im Zuschauen und Abwarten bestehen.

So wichtig es war, ganz genau hinzuschauen, ob Sicherheitsmaßnahmen nötig waren, um Gefahren abzuwenden, so richtig ist es auch, jene großen Firmen unter die Lupe zu nehmen, die in die Grundrechte der Bürger eingreifen, aber selbst kaum zu greifen sind. Hier liegt eine zentrale Herausforderung der Zukunft – und es erstaunt sehr, dass ausgerechnet die Piraten darauf keine Antwort haben. Wenn *Google* oder *Facebook* mehr Macht haben als Staaten, dann muss es darauf eine Antwort geben. Nicht gleich in Form staatlicher Gegenmaßnahmen, wohl aber mit einer Schärfung des Bewusstseins dafür, dass die amerikanischen Welt-Internetkonzerne krakenhaft Daten über Hunderte Millionen Menschen sammeln, anonym Forschungseinrich-

---

[2] »Konkrete Ausgestaltung der Vorratsdatenspeicherung nicht verfassungsgemäß.« Pressemitteilung des Bundesverfassungsgerichts 11/2010 vom 02.03.2010: URL: http://www.bundesverfassungsgericht.de/pressemitteilungen/bvg10-011.html (23.08.2012).

tungen gründen und nur schwer zur Verantwortung zu ziehen sind. Der »Datenschutz« – einst erfunden als weiteres Abwehrrecht des Bürgers gegen den Staat – wirkt angesichts solcher Imperien wie ein Instrument aus dem Mittelalter.

Auch vor einem anderen Bereich muss aus liberaler Sicht gewarnt werden: Es geht um die ausufernde europäische Schuldengemeinschaft mit ihrem permanenten Rettungsfonds. Im Prinzip ist es ein Zeichen von Freiheit, Schulden zu begrenzen, um den Bürgern und ihren Nachkommen Spielraum, also Freiheit, zu geben. Doch darf ein übernationaler Rettungsmechanismus nicht den Handlungsspielraum des freiheitlichen Rechtsstaats selbst strangulieren – desjenigen Rechtsstaats, der ja mit den anderen die EU erst zu dem macht, was sie ist. Dass der *Europäische Stabilitätsmechanismus (ESM)* kaum zu kontrollieren und im Geheimen tätig ist, dass seine Mitarbeiter immun sind, das sollte Liberale hellhörig machen.[3] Für Liberale gibt es also genug zu tun. Der Begriff steht nicht unter Markenschutz, in jeder demokratischen Partei sollte es Freiheitliche geben. Aber es ist kein Zufall, dass diejenigen, die sich so nennen, besondere Schwierigkeiten mit ihrer Botschaft haben. Diese Botschaft aber wird gebraucht.

Ein übernationaler Rettungsmechanismus darf den Handlungsspielraum des freiheitlichen Rechtsstaats nicht strangulieren.

Die Gedanken zu diesem Beitrag flossen in den Leitartikel »Freiheit – die Botschaft wird gebraucht« ein, erschienen in der Frankfurter Allgemeinen Zeitung am 10. Mai 2012.

---

[3] Der Europäische Stabilitätsmechanismus (ESM) ist eine internationale Finanzinstitution mit Sitz in Luxemburg. Mit dem Europäischen Stabilitätsmechanismus sollen im gegenseitigen Einvernehmen der Euro-Länder und unter definierten Auflagen zahlungsunfähige Mitgliedstaaten der Eurozone finanziell mit Krediten der Gemeinschaft der Euro-Staaten unterstützt werden.

V. Chancen und Grenzen der freien Marktwirtschaft

Märkte zwischen Freiheit und Regulierung

Neue Herausforderungen für das Zusammenspiel von Markt und Staat

VON MARTIN REITZ

1. Einleitung

Die Finanzkrise und ihre Folgen haben dazu geführt, dass viele Menschen zum Verhältnis von Markt und Staat neue Fragen stellen. Diese Fragen betreffen vor allem die Nachhaltigkeit der weltwirtschaftlichen Entwicklung, die Rolle der Finanzmärkte und die Unabhängigkeit und Handlungsfähigkeit der Politik.

Hinzu kommt, dass es selbst für denjenigen, der den Fluss der Wirtschaftsnachrichten intensiv verfolgt, oft nur schwer erkennbar ist, wohin sich das globale Wirtschaftssystem aktuell wirklich bewegt. Nimmt die Krisenanfälligkeit des Systems durch globale Vernetzung und die weiterhin hohe Verfügbarkeit von »billigem Geld« weiter zu? Koppeln sich die Finanzmärkte erneut – oder noch weiter – von der sogenannten Realwirtschaft ab? Nimmt die Möglichkeit der Steuerung und Kontrolle durch die nationale Politik weiter ab, weil sich globalisierte Märkte und Marktteilnehmer dem Zugriff einzelner Staaten entziehen? Und geht die Schere zwischen denen, die an einem sich beschleunigenden Kapitalismus teilhaben können, und denen, die zurückbleiben und trotz aller Bemühungen keine Chancen mehr bekommen, weiter auseinander?

Dies sind längst nicht mehr nur theoretische Fragen, sondern sie sind Ausdruck eines wachsenden Zweifels an der Allgegenwart und Nützlichkeit globaler Märkte, genauso wie an der Integrität ihrer Akteure und Protagonisten. Besonders trifft dies die Finanzmärkte, deren gesellschaftlicher Nutzen häufig grundsätzlich in Frage gestellt wird, genauso wie die moralische Integrität von Banken und Investoren.

In die Debatte »Markt versus Staat« kommt dadurch neue Bewegung. Es mehren sich die Stimmen, die für einen starken Staat, umfassende Marktregulierung und mitunter auch weitreichende staatliche Wirtschaftsaktivitäten plädieren. Demgegenüber sind die Zweifel an den Fähigkeiten des Staates oder der Politik weniger deutlich hörbar. Trotz Staatsschuldenkrise erleben sie keine Renaissance. Dabei müssten uns beispielsweise die Probleme Griechenlands nachdenklich stimmen und daran erinnern, dass nicht nur Despoten, sondern auch demokratisch gewählte Politiker ein Land ruinieren können, wenn Klientelinteressen oder kurzfristiges Denken dominieren und nicht ein Mindestmaß an professioneller, guter Regierungsarbeit vorhanden ist.

Aber wohin bewegt sich die Balance zwischen Markt und Staat tatsächlich? Auf welchem Weg befindet sich die Weltwirtschaft und welcher Rahmen ergibt sich daraus für das politische Handeln?

2. Fortschreitende Globalisierung

Die Welt bewegt sich in Richtung offener Märkte und demokratischer Ordnungen, allen wirtschaftlichen Krisen und politischen Widerständen zum Trotz. Sowohl auf wirtschaftlichem Gebiet als auch im Bereich politischer Entscheidungsfindungen scheinen sich freiheitliche Systeme gegenüber zentral gesteuerten durchzusetzen. »Die Völker ziehen in Richtung der Freiheit«, so hat es Bundespräsident Joachim Gauck nach seiner Vereidigung in Berlin formuliert. Politische Systeme brechen auf und Märkte öffnen sich.

Diese Märkte sind zunehmend global. Das beginnt bei der Ernährung: Fleisch, Milch, Kaffee, Kakao oder Getreide werden längst global gehandelt. Gleiches gilt für die meisten Gebrauchs- und Investitionsgüter oder für Rohstoffe.

Dies gilt auch für die Finanzmärkte. Kapital ist mobil und fließt frei um die Welt. Ob es sich um die Finanzierung von Unternehmen, von privaten Automobilkrediten, von Altersrenten oder von Staatsanleihen handelt: Das Kapital dazu wird global aufgenommen und investiert.

In dieser Globalisierung wesentlicher Märkte liegen potenziell Vorteile für nationale Volkswirtschaften. Globale Märkte ermöglichen eine zunehmende Spezialisierung und sorgen dadurch dafür, dass Güter und Dienstleistungen für alle Marktteilnehmer auf der Welt zu jeweils bestmöglichen Preisen verfügbar gemacht werden können. Wir erleben dies selbst in der Form boomender Exporte bei gleichzeitiger Verfügbarkeit einer immens breiten Warenpalette aus allen Teilen der Welt, von Nahrungsmitteln bis Unterhaltungselektronik. Auch viele der sogenannten Schwellenländer nehmen daran teil, durch wachsenden Wohlstand breiter Bevölkerungsschichten und ein Warenangebot, dessen Umfang und Qualität rasant ansteigen. Märkte heizen darüber hinaus den Wettstreit um bestmögliche technische Lösungen an und erzeugen damit ein dynamisches »Entdeckungsverfahren«, das den technischen Fortschritt beschleunigt. Wenn wir einige der großen Herausforderungen der Menschheit, wie die sogenannten »Megathemen« Ernährung, Energieversorgung und Gesundheit für sieben Milliarden Menschen aktuell betrachten, dann wird deutlich, dass wir die Kraft und Dynamik von Marktprozessen brauchen, um sie erfolgreich zu meistern.

3. Herausforderungen für das Zusammenspiel von Markt und Staat

Globale Märkte sind heute also in weiten Bereichen Realität. Sie sind mit großen Chancen für die Weltbevölkerung verbunden. Gleichzeitig haben sie erhebliche, zum Teil ambivalente Auswirkungen auf die wirtschaftliche Wirklichkeit in allen Ländern. Daraus ergeben sich neue, umfangreiche Herausforderungen für das Zusammenspiel von Markt und Staat, die ich vor allem auf zwei Ebenen sehe.

1. Globale Märkte brauchen einen globalen Ordnungsrahmen. Es gibt zwar aktuell keine zentral gesteuerte globale Wirtschafts- oder gar Ordnungspolitik. Dennoch ist es für die nationale Politik unverzichtbar, möglichst kraftvoll an globalen Regulierungsinitiativen einerseits, aber auch an der Beseitigung von Handelshemmnissen oder protektionistischen Maßnahmen andererseits mitzuwirken und so dazu beizutragen, angemessene und faire globale Regeln und Institutionen zu schaffen. Märkte brauchen Fairness, Regeln und Grenzen. Die besondere Herausforderung besteht heute aber darin, dass das Primat der Politik sich oft nur global wirksam durchsetzen lässt, wozu neben der nationalen Willensbildung auch ungeheuer mühsame internationale Koordinationsarbeit erforderlich ist.

Globalisierung der Märke – eine Chance für nationale Volkswirtschaften

2. Globale Märkte engen den Spielraum der nationalen Politik punktuell ein. Sie erzwingen es, den notwendigen Strukturwandel aktiv zu gestalten und sich in die globale Arbeitsteilung an genau dem Punkt einzureihen, an dem ein Land jeweils relative Vorteile hat und nachhaltig erfolgreich sein kann. Die Bedingungen dafür aktiv zu gestalten und ein Land damit »marktfähig« zu machen, ist zunehmend ein weiterer kritischer Erfolgsfaktor nationaler Politik.

4. Marktversagen und die Notwendigkeit einer globalen Ordnungspolitik

Dass ein Ordnungsrahmen für Märkte notwendig ist, sollte gerade in Deutschland ein selbstverständlicher Gedanke sein, denn es handelt sich um einen Grundbaustein unserer Sozialen Marktwirtschaft. Der Grund dafür liegt darin, dass die Leistungsfähigkeit von Märkten als effiziente Koordinationsinstrumente auch Grenzen hat. Mehr noch: Märkte können unter Umständen sogar dramatisch versagen. Darauf hat schon John Maynard Keynes 1926 in seinem Aufsatz »The End of Laissez-Faire« deutlich hingewiesen.[1] Die moderne Wirtschaftstheorie hat diesen Gedanken in den letzten fünfzig Jahren noch einmal wesentlich weiterentwickelt und stärker formalisiert, beispielsweise durch die Beiträge der Wirtschaftsnobelpreisträger Ronald Coase, Douglass North, George Akerlof oder Joseph Stiglitz. Dies alles hat dazu beigetragen, dass wir nicht nur besser verstehen, dass Märkte Regeln, Gesetze und Regulierung, kurz Institutionen brauchen, sondern auch warum und in welcher Situation genau.

Märkte können beispielsweise dann versagen, wenn die Marktteilnehmer die Konsequenzen ihres Handelns nur teilweise selbst tragen müssen, wenn also andere ungewollt davon betroffen sind (sogenannte externe Effekte). Gleiches gilt, wenn sie den Nutzen, die Qualität oder die Risiken und Nebenwirkungen von Gütern oder Dienstleistungen nicht genau einschätzen können (asymmetrische Information). Dies ist zum Beispiel bei Medikamenten der Fall. Der Käufer oder Patient weiß in der Regel wenig über deren Risiken und Nebenwirkungen. Er könnte vertrauen, was voraussetzt, dass der Produzent dieses Vertrauen unbedingt verdient. Die Erfahrung zeigt, dass es nicht sinnvoll und auch nicht möglich ist, diese Vertrauenswürdigkeit für alle Produzenten vorauszusetzen. Daher haben sich beispielsweise im Bereich der Medikamente umfangreiche Regulierungen und Gesetze und eine starke Rolle staatlicher Institutionen herausgebildet: langwierige Zulassungsprozesse, weitreichende Apothekenpflicht, umfassende Vorschriften zur Gestaltung

---

[1] Keynes, John Maynard: Das Ende des Laissez-Faire. Ideen zur Verbindung von Privat- und Gemeinwirtschaft. Berlin ²2011 [1926].

von Beipackzetteln und spezielle Haftungsregeln.

Damit sind wir beim Thema der globalen Finanzmärkte und der jüngsten Finanzkrise(n). Deren Ursachen sind sicher vielfältig. Im Kern geht es jedoch auch hier um ein umfassendes – und aus heutiger Sicht dramatisches – Marktversagen in einem zunehmend globalen Markt.

Wie kam es dazu? Das Finanzsystem hat vor allem dadurch zur Finanzkrise beigetragen, dass es eine ansteigende und schließlich überhöhte Verschuldung von privaten Haushalten, Unternehmen und Banken nicht nur zugelassen, sondern teilweise erst ermöglicht hat. Während die dabei entstehenden Gewinne vom Finanzsystem voll und ganz realisiert wurden, sind die damit einhergehenden Verlustrisiken nur teilweise berücksichtigt worden. Der Kern eines funktionierenden Finanzsystems ist aber eine funktionierende Risikosteuerung, insbesondere in Bezug auf die Höhe von Verschuldung. Warum geriet diese Risikosteuerung außer Kontrolle? Zwei Gründe lassen sich benennen, die alle etwas mit nicht ausreichend funktionierenden Märkten zu tun haben.

1. Die Kosten dieser Risikoausweitung waren für die Banken nicht internalisiert. Wären die enormen Risiken der überhöhten Verschuldungsgrade rechtzeitig internalisiert worden, hätte die Entwicklung gebremst werden können.[2]
2. Die Preisfindung für Risiken war aufgrund fehlender Transparenz fundamental gestört. Das Risikoprofil verpackter Immobilienkredite war für die Investoren solcher Produkte beispielsweise häufig nicht klar erkennbar. Wäre es transparent gewesen, wären die Zinsmargen deutlich früher angestiegen, um das tatsächliche Risiko adäquat widerzuspiegeln, und das systemische Risiko hätte sich rechtzeitig normalisiert.

An dieser Stelle lohnt es sich, den Begriff Marktversagen noch einmal genauer anzuschauen. Wer versagt hier eigentlich? Die Märkte, die der ehemalige Bundespräsident Horst Köhler einmal als »Monster« bezeichnet hat, oder die Marktteilnehmer? Der Hersteller oder der Konsument? Die Bank, der Banker oder der Kreditnehmer? Die Antwort lautet zunächst: Es versagt natürlich immer der Mensch. Banker, Investoren oder Hauseigentümer – sie alle hätten auch anders handeln können: durchdachter, weitsichtiger, weniger selbstbezogen, mehr am Gemeinwohl und am Nutzen des Geschäftspartners interessiert. Sollten wir diese Verarbeitungsleistung und dieses Verhalten von ihnen, von uns allen, erwarten? Oder ist

---

[2] Als Internalisierung bezeichnet man die Einbeziehung sozialer Zusatzkosten/-nutzen, die durch externe Effekte verursacht werden, in das Wirtschaftlichkeitskalkül des Verursachers. Ziel der Internalisierung ist es, die durch Marktversagen entstandenen Ineffizienzen zu minimieren.

es nicht gerade die besondere Leistung von funktionierenden Märkten, dass sie in der Lage sind, wirtschaftliche Entscheidungen mit einfachen (Preis-)Signalen zu lenken und Eigeninteresse in Gemeinwohl zu verwandeln, indem Strukturen entstehen, die für Marktteilnehmer Anreize bieten, im eigenen Interesse das zu tun, was allen nutzt? Aus dieser Perspektive ist Marktversagen eine Situation, in der dies eben nicht mehr funktioniert, weil Transparenz fehlt und gestörte Preissignale falsche Anreize setzen.

Die Lehren aus der Finanzkrise sind daher keine neuen, sondern sie sind die längst überfällige Anwendung bereits seit langem bestehender Erkenntnisse auch auf die Finanzmärkte. Moderne Finanzmärkte sind komplex, und ihre Produkte und Dienstleistungen sind mit erheblichen Risiken und Nebenwirkungen verbunden, die für die Marktteilnehmer oft nicht transparent sind. Darüber hinaus ist das Finanzsystem von systemischer Bedeutung und seine Krisen haben weitreichende Folgen für die gesamte Wirtschaft. Finanzmärkte brauchen daher spezifische und umfassende Spielregeln und Institutionen, die Transparenz schaffen und Handlungsfolgen effektiv internalisieren. Es war ein Irrtum zu glauben, dass Finanzmärkte von Natur aus besonders transparent sind, und dass es daher Wohlstand schafft, wenn sie weitestgehend dereguliert werden.

> Es war ein Irrtum zu glauben, dass Finanzmärkte von Natur aus besonders transparent sind.

In der Folge der Finanzkrise werden den Finanzmärkten, speziell den Banken, nun von der Politik wieder deutlich engere Grenzen gesetzt. Dabei sollte der Satz von Karl Schiller gelten: »Soviel Markt wie möglich, soviel Staat wie nötig« – wobei erstens zusätzlich zu berücksichtigen ist, dass Regulierung ein dynamischer Prozess ist, der mit Versuch und Irrtum arbeiten muss. Denn es ist nicht immer möglich, spontan passende und abschließend wirksame Lösungen zu finden. Eine kritische Erfolgskontrolle durch aufmerksame Öffentlichkeit und die Bereitschaft zum Nachbessern und zur Korrektur ist daher von großer Bedeutung.

Zweitens muss Finanzmarktregulierung, wie oben angesprochen, global sein. Und hier bestehen aktuell die größten Defizite bei der Kapitalmarktregulierung. Nur knapp zwei Jahre nach der *Basel-Konferenz* zur Einführung höherer Kapitalquoten für Finanzdienstleister herrscht zwischen den Regierungen in Kontinentaleuropa, Großbritannien und den USA wieder massiver Dissens. Die Vorschläge vieler Länder zur Marktregulierung und zur systemischen Stabilisierung von Banken sind vielstimmig und widersprüchlich. Die Herausforderung der Politik gleicht hierbei dem Gefangenendilemma, bei dem Kooperation nur dann vorteilhaft ist, wenn alle mitmachen; wobei es genau dann oftmals noch besser erscheint, selbst als einziger auszuscheren.

Die nationale Politik hat hier eine besondere, eine neue Herausforderung, die der traditionellen Perspektive der Volkswirtschaftslehre nicht mehr entspricht. Es geht um intelligente Kooperation auf supranationaler Ebene, mit dem Ziel, Freiheit im globalen Rahmen zu erhalten, sich aber den ordnungspolitischen Herausforderungen zu stellen, die damit verbunden sind (genauso wie übrigens den sozial- und steuerpolitischen Themen).

5. Marktfähigkeit als Erfolgsfaktor nationaler Wirtschaftspolitik

Im Folgenden soll schließlich auf die Betrachtungsebene des Zusammenspiels zwischen Markt und Staat eingegangen werden. Welches sind die Herausforderungen auf nationaler Ebene?

Hier gilt: Globale Märkte setzen Realitäten für nationale Volkswirtschaften. Diese Realitäten sollten von der Politik anerkannt werden, wenn sie die Lebenswirklichkeit von Menschen auf nationaler Ebene wirksam und nachhaltig gestalten möchte. Denn Gestaltungsfreiheit hat die Politik nur dann, wenn sie nicht abhängig von Märkten ist, sondern sich durch wettbewerbsfähige Wirtschaftsstrukturen und solide Finanzpolitik Spielräume eröffnet und entsprechend den eigenen Vorstellungen und Prioritäten handeln kann. In diesem Sinne ist Politik erfolgreich, wenn sie marktgerecht ist.

Um nicht missverstanden zu werden: Das bedeutet nicht, dass Politik sich den Märkten unterordnet oder ein Primat globaler Märkte für das Gemeinwesen akzeptiert. Vielmehr geht es darum, erstens die Realitäten globaler Märkte klar anzuerkennen, zweitens Menschen und Unternehmen zu befähigen, in diesen Realitäten erfolgreich zu sein, und drittens für Chancengleichheit und sozialen Ausgleich zu sorgen. Dies hat etwas zu tun mit der Förderung von Bildung und Ausbildung, der wettbewerbserhaltenden Subvention von Schlüsseltechnologien und Wissensgebieten, einer investitionsoffenen Infrastruktur einschließlich nachhaltiger Energiepolitik, und schließlich mit einer engagierten Sozialpolitik des Forderns, Förderns und der Absicherung gegen Risiken.

Warum fällt dies der Politik hin und wieder so schwer? Politische Koordination, genauso wie Marktkoordination, ist das Ergebnis komplexer Entscheidungsprozesse auf individueller Ebene mit dem Anspruch eines demokratisch organisierten und legitimierten Interessenausgleichs. Sie ist, je nachdem in welchem Rahmen sie stattfindet und welche Regeln und Rituale gelten, ebenfalls zum Teil störungsanfällig und kann hin und wieder versagen. Was sind dafür die Ursachen? Genauso wie Märkte nicht damit rechnen dürfen, dass Unternehmen und Kunden vollständig rational, weitsichtig und uneigennützig denken und handeln, gilt dies auch für die Politik. Weder Wähler noch Politiker sind durchgehend weitsichtig, rational, uneigennützig und jederzeit vor allem am Gemeinwohl orientiert. Eigeninteresse, kurzfristiges Denken, fehlende Transparenz sind auch hier zu finden. Die Folge ist, dass Fehlentscheidungen jederzeit möglich sind, Kurskorrekturen aber oft langwierig sein können und das Schaffen von Mehrheiten für das als notwendig Erkannte häufig eine Kunst.

Genau deshalb lohnt es sich, auch in der Politik über institutionelle Reformen nachzudenken. In der aktuellen Staatsschuldenkrise finden sich dazu ermutigende Beispiele. Ausufernde Staatsschulden sind ein besonders plastisches Beispiel für Politikversagen aufgrund von kurzfristiger Interessensoptimierung und populistischem Handeln. Der Plan einer europaweiten Einführung einer Schuldenbremse ist daher ein gutes Zeichen der Selbstbindung und der institutionellen Weiterentwicklung demokratischer Politik.

6. Fazit

Märkte brauchen Regeln, um Fehlentwicklungen zu verhindern und zu korrigieren. Globale Märkte brauchen die korrigierende Kraft einer globalen Öffentlichkeit und die internationale Kooperation der demokratischen Politik. Umgekehrt braucht die demokratische Politik eine Handlungs- und Gestaltungsfähigkeit, die sich darauf stützt, auch im Kontext globaler Märkte erfolgreich zu sein. Nur so kann Wohlstand und sozialer Ausgleich in Freiheit gelingen. Wir brauchen demokratisch gezähmte Märkte genauso wie eine marktfähige Demokratie.

Must the Big Game really go on?

Kapitalmarktregulierung aus Gewerkschaftssicht

VON UWE FOULLONG

Die Finanzmarktkrise hat seit 2007 Wirtschaft und Gesellschaft erschüttert. Das Finanzsystem stand am Abgrund und die Wirtschaftsleistung brach infolgedessen ein. Fast sechs Prozent schrumpfte allein die deutsche Wirtschaft in 2009. Milliardenbeträge mussten aufgewendet werden, um Banken zu retten und die abstürzende Wirtschaft mit Konjunkturprogrammen abzufedern. Was war geschehen? Durch eine Politik der Deregulierung und Liberalisierung der Finanzmärkte wurde ein Finanzsystem geschaffen, in dem sich Gier nach einem immer neuen Maximum entfalten konnte. Dieses System besteht aus Mega-Investmentbanken, vielen neuen spekulativen Finanzprodukten, wenigen interessenkonfliktbeladenen Ratingagenturen und vielen *Hedge-* sowie *Privat-Equtiy-Fonds*. Hinzu kommt eine Politik der Umverteilung von unten nach oben. Die wachsenden Vermögenseinkommen – bei sinkenden Arbeitseinkommen in Deutschland – wurden immer weniger in Investitionen der Realökonomie getätigt und immer mehr in spekulative Finanzprodukte. Mit der größer werdenden Schere von Arm und Reich blähte sich das spekulative Finanzvermögen massiv auf, entkoppelte sich von der Realwirtschaft und brachte diese an den Abgrund. Krisenmanagement ist seitdem alltäglich. Wir haben es mit einer Systemkrise zu tun. In einem Krisenmanagement von Regierung, Arbeitgeberverbänden und Gewerkschaften konnte durch Arbeitszeitverkürzungsmaßnahmen (Kurzarbeit) dafür gesorgt werden, dass der Anstieg der Arbeitslosigkeit zumindest in Deutschland relativ gering war. Allerdings hält der Vertrauensverlust gegenüber den Banken an. Das Ansehen des Berufes hat massiv gelitten. Die Banken haben einen radikalen Imageverlust erlitten. Die Entstehung der *Occupy*-Bewegung ist hier nur die Spitze des Eisberges.[1]

---

[1] *Occupy Germany* (englisch für *Besetzt Deutschland*) ist der deutsche Teil der *Occupy-Bewegung* und der Oberbegriff für *Occupy*-Initiativen in Deutschland. Vorbild ist die US-amerikanische *Occupy-Wall-Street*-Bewegung, die seit dem 17. September 2011 den New Yorker Zuccotti Park in der Nähe der Wall Street besetzt. Zu den Forderungen der Bewegungen gehören beispielsweise der Kampf gegen soziale Ungleichheiten, Spekulationsgeschäfte von Banken und den Einfluss der Wirtschaft auf die Politik.

In die Schusslinie der Kritik geriet auch die herrschende Wissenschaft. Ökonomen haben die Krise weder vorhergesagt noch können sie sie mit ihren Modellen erklären. In Teilen der vorherrschenden Wissenschaft ist Nachdenklichkeit und Selbstkritik eingetreten. So sagt Thomas Straubhaar, der Chef des *Hamburgischen Weltwirtschaftsinstitutes* (*HWWI*), dass er zu lange an die Effizienz der Märkte geglaubt und zu lange ökonomische Glaubenssätze akzeptiert habe, obwohl sie mit der Empirie nicht übereinstimmten. Respekt! In dem in den USA vor drei Jahren gegründeten *Institute for New Economic Thinking* (*Inet*), das letzten Monat seine dritte Jahreskonferenz in Berlin durchführte, reflektieren Ökonomen aus aller Welt (selbst)kritisch ihre Modelle und die Zukunft der Ökonomie. Deutsche Ökonomen sind in diesem *Think Tank* leider nur rar vertreten. Dabei zeigt die Finanzmarktkrise und die entsprechende Diskussion des *Inet*, dass die mathematischen Grundmodelle und die Grundlage des *homo oeconomicus*, auf denen nach wie vor das hiesige Studium der Volkswirtschaftslehre aufgebaut ist, völlig unzureichend sind. Veränderungen in der Ökonomie, Veränderung in der Wissenschaft, Forschung und Lehre sind dringend erforderlich – eine gesellschaftspolitische Aufgabe.

Auch der Vertrauensverlust gegenüber der Politik ist mit der Finanzmarkt- und Eurokrise eher größer geworden. 16 EU-Gipfeltreffen in den letzten beiden Jahren haben es nicht vermocht, die Eurokrise zu lösen. Finanzmarkt- und Eurokrise sind nach wie vor alltäglich auf der Tagesordnung. Der Vertrauensverlust gegenüber der Politik, der sicher nur zu einem Teil auf die ungelöste Finanzmarkt- und Eurokrise zurück zu führen ist und vielfältige Ursachen hat, beschert der Piratenpartei einen ungeahnten und überraschenden Zulauf. Die gesellschaftliche Vertrauenskrise wirkt sich politisch in gravierendem Maße aus.
Bezüglich der Finanzmarktkrise betonte die Bundeskanzlerin 2008, dass kein Finanzmarktakteur und kein Finanzprodukt unreguliert bleiben dürfe, um zukünftige Finanzmarktkrisen zu vermeiden. Und was ist seitdem geschehen? Mit *Basel III* werden derzeit neue Eigenkapitalregelungen auf den Weg gebracht, ein Restrukturierungsgesetz mit einer Bankenabgabe, neue Vergütungsregelungen, eine europäische Finanzaufsicht und ein Anlegerschutzgesetz wurden endlich geschaffen.[2] Es wurde vieles reguliert, aber im Prinzip nur halbherzig und konzeptionslos. Denn diese Regulierungen reichen bei Weitem nicht aus, zukünftige Finanzmarktkrisen zu vermeiden. So sind die angestrebten Eigenkapitalvorschriften mit 10,5 Prozent

---

[2] Der Begriff *Basel III* bezeichnet ein Reformpaket des Basler Ausschusses der *Bank für Internationalen Zahlungsausgleich* (*BIZ*) für die bereits bestehende Bankenregulierung *Basel II*. Von den Banken wird darin die Erhöhung der Mindesteigenkapitalanforderungen und die Einführung von Kapitalpuffern gefordert. *Basel III* stellt die Reaktion auf die von der weltweiten Finanz- beziehungsweise Wirtschaftskrise ab 2007 offengelegten Schwächen der bisherigen Bankenregulierung dar.

Kapitalquote völlig unzureichend, auch unter Beachtung des Zuschlags für systemrelevante Banken. Eines der wesentlichen Probleme, dass Banken zu groß sind, um sie in Konkurs gehen zu lassen und deshalb der Steuerzahler auch zukünftig stützend eingreifen muss (*too big to fail*), ist keinesfalls gelöst. Auch die neue gesetzlich geregelte Bankenabgabe ist viel zu gering, um den Steuerzahler bei zukünftigen Krisen zu schonen.

1. Grundlagen einer neuen Finanzmarktarchitektur

Mindestens vier grundlegende Lehren sind aus dieser heftigsten Krise seit der Depression Ende der 1920er Jahre des letzten Jahrhunderts zu ziehen.

1. Die Politik der Deregulierung und Liberalisierung, die das in den letzten dreißig Jahren global entwickelte Finanzsystem hervorgebracht hat, ist gescheitert.
2. Das Freiheitsideal der Selbstheilungskräfte der Märkte, das zu einer Politik des »Weniger Staat, mehr Markt« geführt hat, hat sich angesichts der massiven negativen Auswirkungen dieser Krise als völlig untauglich herausgestellt. Diese Politik hat zu einer tiefgreifenden Systemkrise geführt.
3. Es hat sich ein kulturelles Problem in der Finanzwirtschaft entwickelt. Mit den zunehmenden spekulativen Finanzprodukten hat sich mit der Sprache wie *Player* oder *Game* eine Kultur der kurzfristigen und riskanten Sicht- und Handlungsweise, eine Kultur des »Zockens« entwickelt, die eben nicht nur für die einzelnen Akteure beziehungsweise Spieler riskant war und ist, sondern für die Wirtschaft und Gesellschaft insgesamt. Mit einer nachhaltigen, sozial und ökologisch langfristig ausgerichteten Unternehmenspolitik muss die Kultur des »vorsichtig handelnden Kaufmanns« die Kultur einer »Zockermentalität« verdrängen.
4. Deshalb ist ein grundlegendes Umsteuern dringend erforderlich. Die Finanzmärkte benötigen einen neuen Ordnungsrahmen. Aber dabei ist es mit einer konzeptionslosen Regulierung, wie sie derzeit zu beobachten ist, keineswegs getan. Wir brauchen eine grundlegend neue Finanzmarktarchitektur, um einen der Entwicklung der komplexen Finanzmärkte angemessen Ordnungsrahmen zu schaffen und um zukünftig solche Finanzmarktkrisen, zumindest solche krassen volkswirtschaftlichen Dimensionen, auszuschließen.

Diese neue Finanzmarktarchitektur sollte zwei wesentliche ökonomische und gesellschaftspolitische Ziele anstreben und erfüllen:
Im Finanzsystem sind die Teile, die für die Volkswirtschaft nicht nützlich oder gar schädlich sind (reine von der Realwirtschaft losgelöste Spekulationsgeschäfte), zu trennen von den Teilen, die für die Volkswirtschaft dienlich beziehungsweise nützlich und erforderlich sind (im Kern: Zahlungsverkehr, Anlage-, Finanzierungs- und

Absicherungsgeschäft). Darauf aufbauend soll dann das Finanzsystem so neu geordnet, das heißt konzeptionell reguliert werden, dass die nicht nützlichen Teile in einem überschaubaren Zeitraum abgewickelt werden, um das Finanzsystem damit ausschließlich auf die Unterstützungsfunktion der Realwirtschaft zu konzentrieren. Neben dieser Ausrichtung auf die unterstützende Funktion der Volkswirtschaft muss die Politik wieder das Primat über die Finanzmärkte herstellen.

Die neue Finanzmarktarchitektur steht auf mehreren Stützpfeilern. Dabei ist zunächst ein Verbot rein spekulativer Produkte wichtig. Eine der wesentlichen Ursachen der Finanzmarktkrise waren die Verbreitung immenser Volumen von Derivaten beziehungsweise strukturierten Finanzprodukten, die als toxische Wertpapiere bezeichnet wurden und noch viele Jahre in den Bankbilanzen und vor allem in *Bad Banks* existieren.[3] Der Beschluss des Europäischen Parlaments von November 2011, ab Ende 2012 den Handel mit nicht gedeckten Kreditausfallversicherungen (CDS) zu verbieten sowie den Handel mit ungedeckten Leerverkäufen von Aktien einzuschränken, ist ein Schritt in die richtige Richtung. Finanzprodukte müssen auf ihren volkswirtschaftlichen Nutzen überprüft und entsprechend zugelassen oder verboten werden. Allerdings kann diese Aufgabe bei der Vielzahl der Finanzprodukte nicht das Europäische Parlament leisten. Dazu bedarf es einer speziellen Institution, deren Arbeitstitel man »Finanz-TÜV« nennen kann.

Weiterhin ist eine Zerlegung der systemrelevanten Banken notwendig. Spekulatives Investmentbanking einerseits und reales Bankgeschäft andererseits müssen organisatorisch klar getrennt werden. Mit einer solchen Trennung und dem Verbot spekulativer Finanzprodukte wird eine Begrenzung des spekulativen Investmentbankings erreicht. Wenn nur volkswirtschaftlich sinnvolle Finanzprodukte und -dienstleistungen zugelassen und konsequenterweise spekulative, der Realwirtschaft nicht dienende Finanzprodukte verboten sind, wird konsequenterweise das spekulative Investmentbanking schrumpfen und in einem überschaubaren Zeitrahmen abgeschafft, ohne das Universalbankensystem aufzugeben oder zu schädigen. Als nächster Baustein ist die Regulierung der Schattenbanken zu nennen. In *Hedge-Fonds*, *Private-Equity-Fonds* und Zweckgesellschaften häufen sich massive Spekulationsgelder an, die unbeobachtet und unreguliert sind. Während die Politik immer

---

[3] Als *Bad Bank* (dt. »schlechte Bank«) werden Finanzinstitute bezeichnet, die in Zeiten von Bankenkrisen (bei globaler Auswirkung auch zu Finanzkrisen führend) als reine Abwicklungsbanken gegründet werden, speziell zum Zwecke der Abwicklung beziehungsweise Entsorgung nicht einlösbarer Kreditforderungen und schwieriger Wertpapiere (auch »toxischer« Papiere), die bei Ausfall in ihrer Gesamtheit die Bonität der betroffenen Banken gefährdet hätten. Hat die sog. *Bad Bank* ihre Entsorgungsfunktion erfüllt, wird sie aufgelöst oder in eine »*Good*« Bank umgewandelt. Auf das *Bad-Bank*-Konzept wurde im Verlauf der Finanzkrise ab 2007 unter anderem von Deutschland und den USA zurückgegriffen.

lauter über die notwendige Regulierung der Finanzmärkte spricht, lässt sie aber die Schattenfinanzwirtschaft im Prinzip weiter im Dunkeln. Die nächste Finanzmarktkrise entwickelt sich gerade in diesem Bereich, weil sich hier inzwischen Systemrisiken auftürmen. Wegen dieser massiven Risiken darf es keine Schattenfinanzwirtschaft geben, das heißt die Schattenbanken sind in vergleichbarer Form zu regulieren, wie die Banken selbst. Der kürzlich ausgeschiedene Präsident der *Bundesanstalt für Finanzdienstleistungsaufsicht* (*BaFin*), Jochen Sanio, hat beim Neujahrsempfang am 13. Januar 2011 in seiner Rede ausgeführt: »Der Anreiz, durch Ausweichen ins Schattenbankensystem Regulierungsarbitrage zu betreiben, ist durch die Erhöhung der Eigenkapitalforderungen für Banken stark gestiegen. Wir müssen dieses gefährliche Spiel stoppen, indem wir die Schattenspieler durch harte Regeln an die Kandare legen […]. Glauben wir wirklich, dass es keine Auswirkungen auf das Finanzsystem hätte, wenn ein *Hedgefonds* […] zusammenbräche, nachdem er das Geld durchgebracht hat, das Versicherer und Pensionsfonds bei ihm investiert haben?«

Zusätzlich erforderlich ist die Einführung einer Finanztransaktionssteuer. Ihre Einführung begrenzt kurzfristige Spekulationsgeschäfte, ohne die Realwirtschaft zu belasten und bringt gleichzeitig dringend nötiges Geld, z. B. für die Finanzierung der Krisenkosten zur Entlastung der Steuerzahler. Alle Börsenumsätze und sonstigen Finanztransaktionen werden dabei (wieder) einer Besteuerung unterzogen – so wie auch bei jedem Kauf von Waren oder Dienstleistungen Umsatzsteuer gezahlt wird. Der geringe Steuersatz von 0,1 Prozent wird Spekulationsgeschäfte eindämmen und allein in Deutschland ca. 35 Milliarden Euro Steuereinnahmen unter Berücksichtigung des geringeren Geschäftsvolumens einbringen.

Darüber hinaus ist die bedenkliche Macht der Ratingagenturen zu begrenzen und ihre Funktion tatsächlich auf reine Meinungsäußerungen regulatorisch zurückzuführen. Ratingagenturen haben eine wesentliche Verantwortung für den Ausbruch der Finanzmarktkrise, weil sie Investmentbanken einerseits bei der Verpackung strukturierter Finanzprodukte berieten und nicht selten diese Produkte mit dem Gütesiegel »AAA« geratet haben. Die Einrichtung einer unabhängigen, öffentlich-rechtlichen europäischen Agentur ist erforderlich, um mit einer öffentlichen und nicht gewinnorientierten Ausrichtung Interessenkonflikte beim Rating zu vermeiden und darüber hinaus das weltweite Oligopol aufzubrechen. Mit diesen Maßnahmen wird die Macht der Ratingagenturen allerdings nur in relativ geringem Umfang begrenzt. Denn bisher ist durch Gesetze beziehungsweise Regelungen festgelegt, dass je nach Rating bestimmte Eigenkapitalunterlegungen, bestimmte Wertberichtigungen oder automatische Wertpapierverkäufe erforderlich werden. Auf diese Weise

Die Macht der Ratingagenturen: Die Kreditwürdigkeit von Ländern auf Ramschniveau gesenkt

steuern die Ratings Rendite und Refinanzierungskosten. Insofern sollten vielmehr noch die regulatorisch zwingenden Folgemaßnahmen externer Ratings abgeschafft werden.

Als weiterer Baustein einer neuen Finanzmarktarchitektur müssen die Wertpapiergeschäfte der Finanzinstitute untereinander (*Over-the-Counter* OTC-Geschäfte) unterbunden werden, weil sie keine Übersicht über Umfang und Verteilung der Risiken ermöglichen. Alle Wertpapiergeschäfte sollten deshalb über Börsen beziehungsweise *Clearinghäuser* laufen, um die für die Einschätzung von systemischen Risiken notwendige Transparenz herzustellen.

Eine weitere Stärkung der Finanzaufsicht ist unerlässlich. Seit 1. Januar 2011 arbeiten die neuen europäischen Aufsichtsbehörden:
- für Banken (*European Banking Academy*, EBA mit Sitz in London)
- für Versicherungen (*European Insurance and Occupation Pensions Authority*, EIOPA mit Sitz in Frankfurt/M.)
- für Wertpapiermärkte (*European Securities and Markets Authority*, ESMA mit Sitz in Paris) sowie
- ein Europäischer Ausschuss für Systemrisiken (*European Systemic Risk Board*, ESRB mit Sitz in Frankfurt/M.)

Diese Regulierung hin zu einer verstärkten Aufsicht in Europa ist ein wichtiger Schritt in die richtige Richtung. Allerdings müssen die Kompetenzunklarheiten zwischen den jeweiligen nationalen und europäischen Behörden abgestellt und eine wirksame, klar geregelte Zusammenarbeit organisiert werden. Darüber hinaus ist es erforderlich, in allen Aufsichtsbehörden eine genügende Anzahl Beschäftigter mit adäquaten Gehältern einzustellen.

Die Eigenkapitalregeln insbesondere für Banken, die derzeit im Europaparlament unter dem Stichwort *Basel III* beziehungsweise *Capital Requirements Directive (CRD IV)* beraten werden, sollen als einheitliche Verordnung bis Ende 2012 beschlossen werden, um sie ab 2013 in einer zweiphasigen Übergangszeit zunächst bis 2015 und dann bis 2019 zu realisieren. Diese geplanten neuen Eigenkapitalanforderungen reichen aber nicht aus, um die Systemrelevanz von Finanzkonzernen abzustellen und den Steuerzahler im Krisenfall zu schonen. Deshalb müssen in einer differenzierten Weise die Eigenkapitalanforderungen höher sein als die geplanten *Basel III*-Regeln. Um die für die Realwirtschaft schädlichen spekulativen Geschäfte zunächst zu erschweren, sollte die erforderliche Eigenkapitalunterlegung hierfür deutlich angehoben werden.

Ein weiterer Baustein bezieht sich auf das Vertriebssystem der Finanzinstitute. Mit dem Managementsystem der »indirekten Steuerung« werden Beschäftigte dazu gebracht, im Zweifel gegen das Kundeninteresse zu beraten, um vorgegebene Verkaufsziele bei Anlageprodukten wie z. B. Zertifikaten zu erreichen. Das Vertriebssystem sollte aber kundengerecht ausgerichtet werden. Der rigide Verkaufsdruck auf die Beschäftigten muss deshalb abgeschafft und der Kundenwunsch tatsächlich in den Mittelpunkt der Beratung gestellt werden. Das seit letztem Jahr gültige Anlegerschutzgesetz setzt hier an, geht aber bei den Sanktionen in die falsche Richtung. Nicht die Beschäftigten dürfen bestraft werden, wie es im Gesetz geregelt ist, sondern ausschließlich das verantwortliche Management. Nur wenn man die Verantwortlichen in den Fokus nimmt, wird man ein kundenfreundliches Beratungssystem erhalten können. Ansonsten würden in einem kundenfeindlichen Vertriebssystem die bestraften Beschäftigten vom Management lediglich ausgetauscht – ein Irrweg.

Nicht die Beschäftigten dürfen bestraft werden, sondern ausschließlich das verantwortliche Management.

Bei der Analyse der Krisenursachen kann im Positiven festgestellt werden, dass sich die in öffentlichem Eigentum befindlichen Sparkassen in der Krise als Stabilitätshort erwiesen haben. Deshalb sollte durch gesetzliche Regelungen sichergestellt werden, dass dies auf Dauer so bleibt und zukünftig keine Privatisierungsbestrebungen erfolgen können, wie wir sie vor der Finanzmarktkrise erlebt haben. Darüber hinaus ist eine Demokratisierung insbesondere der Finanzkonzerne als gesellschaftliche Schlüsselbranche erforderlich, um den renditefixierten Interessen der Eigentümer und Vorstände eine stärkere demokratische Kontrolle gegenüber zu stellen. Das bedeutet auch, dass die durch öffentliche Mittel gestützten teilverstaatlichten Institute zumindest solange in öffentlichem Eigentum verbleiben, bis über abzuführende Gewinne die Rettungskosten kompensiert sind.

Mit einer solchen neuen Finanzmarktarchitektur kann sichergestellt werden, dass Banken die Realwirtschaft unterstützen und dass das Schaden verursachende spekulative Investmentbanking eingedämmt und eingestellt wird. Der amerikanische Großinvestor und Unternehmer Warren Buffet hat die spekulativen Finanzprodukte als »finanzielle Massenvernichtungswaffen« bezeichnet. Es ist höchste Zeit für Abrüstung.

2. Der Kampf gegen die Staatsverschuldung

Die hohen gesellschaftlichen Kosten der Finanzmarktkrise für notwendige Konjunkturprogramme und Bankenrettungen ließen die Staatsverschuldungen explodieren. Dies ist eine wesentliche Ursache für die aktuelle Euro- beziehungsweise Staatsfinanzierungskrise. Hinzu kommt, dass durch den drastischen Wirtschaftseinbruch insbesondere in den europäischen Krisenländern Steuereinnahmen in hoher Dimension weggebrochen sind.

Das Beispiel Irland zeigt, dass auch die Euro-Stabilitätskriterien keinesfalls Garant für eine Krisenvermeidung sind, da Irland vor Ausbruch der Finanzmarktkrise der europäische Musterschüler mit einer nur dreißigprozentigen Verschuldungsquote war. Durch die Kosten der Finanzmarktkrise rutschte Irland mit einer Verschuldungsquote von achtzig Prozent heftig ab.

Das Beispiel Griechenland zeigt insbesondere, dass eine Verschuldungsquote, die man sich vielleicht aufgrund einer guten wirtschaftlichen Entwicklung (vor 2007) noch leisten kann, dann höchst problematisch wird, wenn die Wirtschaft einbricht. Das ist z. B. vergleichbar mit einem fleißigen schwäbischen Häuslebauer, der wegen einer Ausgründung mit Tarifflucht seines Arbeitgebers plötzlich dreißig Prozent weniger Einkommen hat. Das Einkommen sinkt dramatisch, aber die Kosten der Lebenshaltung und die Zinsbelastungen für die laufende Baufinanzierung bleiben konstant. Die Schuldenfalle schnappt zu, ohne dass man zuvor über seine Verhältnisse gelebt hätte. Die Verschuldungsursache von schwindenden Steuereinnahmen aufgrund von Wirtschaftseinbrüchen soll nicht darüber hinwegtäuschen, dass die griechische Wirtschaft und Verwaltung auch teils gravierende strukturelle Probleme hat. Aber die häufig in den Medien anzutreffende Analyse, dass Griechenland über seine Verhältnisse gelebt hat, ist in dieser Trivialität unzutreffend. Die griechische Regierung setzte wie alle anderen europäischen Regierungen darauf, dass mit der Euro-Einführung ein neues Zeitalter anhaltenden Wirtschaftswachstums anbrechen würde. Diese Rechnung ging auf – aber nur bis 2007, bis zum Ausbruch der weltweiten Finanzmarkt- und Wirtschaftkrise. Mit der dann einbrechenden Wirtschaft brachen die Steuereinnahmen ein. Die Zins- und Tilgungszahlungen aber blieben unverändert. Neu aufgenommene Kredite mussten zunehmend für laufende Schuldenzahlungen genutzt werden. Ein Teufelskreislauf, der zu massiven Stützungskrediten und Bürgschaften der europäischen Länder führte.

Insbesondere die griechische Staatsfinanzierungskrise führte zu einer bis dato unbekannten Eurokrise. Ein wirtschaftlich unbedeutendes Land – der Anteil Griechenlands an der gesamten europäischen Wirtschaftsleistung beträgt lediglich 2,5 Prozent – brachte die gesamte europäische Währung und Wirtschaft in Gefahr. Das wäre in etwa so, als ob das hochverschuldete Bremen die gesamte Bundesrepublik Deutschland in erhebliche wirtschaftliche Turbulenzen treiben würde. Die europäischen Regierungschefs vermochten es trotz 16 EU-Gipfeltreffen in den letzten beiden Jahren nicht zu leisten, die Eurokrise zu lösen. Die Unsicherheiten bestehen weiter und die Ansteckungsgefahren für andere europäische Länder wie Portugal, Spanien oder Italien sind akut.

3. Problemlösung für Europa

Dazu braucht es mindestens drei grundlegende Reformen: Neben der zuvor skizzierten neuen Finanzmarktarchitektur ist zweitens eine in Europa konzentrierte und koordinierte Wachstumspolitik erforderlich, damit insbesondere die Krisenländer mit wachsendem Sozialprodukt und zunehmenden Steuereinnahmen ihre Schulden tragen können. Ein Marshallplan für die Krisenländer, massive Investitionen sind geeignet, die derzeit schrumpfende Spirale in Europa in eine Aufwärtsentwicklung umzukehren. Eine echte europäische Wirtschaftsregierung kann ein europaweites öffentliches Investitionsprogramm organisieren und zusätzlich dafür sorgen, dass die bestehenden krisen-verursachenden Leistungsbilanzungleichgewichte in Europa abgebaut werden sowie eine konjunktur- und verteilungsgerechte Fiskalpolitik durchgeführt wird. Die Finanzierung des Investitionsprogrammes sollte primär durch höhere Staatseinnahmen erfolgen. Vermögenssteuern, Erbschaftssteuern, Einkommens- und Gewinnsteuern sowie eine Finanztransaktionssteuer sollten dazu eingeführt beziehungsweise angehoben werden, um die starken Schultern stärker in Anspruch zu nehmen und die Finanzmärkte mit einzubeziehen. Die Tatsache, dass allgemein in Europa die öffentlichen Kassen ausgeblutet sind und sich gleichzeitig parallel dazu ein großer privater Reichtum entwickelt hat, ist eine zutiefst ungerechte Entwicklung. Ein Stopp und eine Umkehrung der Umverteilungspolitik von unten nach oben durch eine gerechte Steuerpolitik ist jetzt zur Lösung der Finanz-, Euro- und Wirtschaftskrise erforderlich. Das sind die Aufgaben einer echten europäischen Wirtschaftsregierung, die zum Aufschwung führen. Das ist eine Alternative zu dem europäischen Fiskalpakt, der die Konzentration auf das Sparen und Kürzen in Europa festlegt und damit die Wirtschaft in die Rezession spart.

Drittens ist eine Neuordnung der Staatsfinanzierung erforderlich. Die Tatsache, dass die *Europäische Zentralbank (EZB)* den Geschäftsbanken Kredite zu einem Minizins von 1 Prozent überlässt und die Kreditinstitute, die vom Steuerzahler gestützt werden, dieses Geld für bis zu vier, fünf oder sechs Prozent an die Staaten verleihen, ist für die Geschäftsbanken ein gutes Geschäft, aber in der Konstruktion widersinnig. Das ist so konstruiert, als ob die schwäbische Hausfrau ihren Kindern kein Geld leiht, sondern ihr Geld bei der Bank (1 bis 2 Prozent Guthabenzins) anlegt und ihren Kindern sagt, sie sollten sich Geld bei der Bank (6 bis 8 Prozent Kreditzins) ausleihen. Die aktuelle Konstruktion, dass die *EZB* die Geschäftsbanken finanziert und die Geschäftsbanken wiederum die Staaten finanzieren, führt ja zu den permanenten Unsicherheiten an den Finanzmärkten. Mit einer Entkopplung der Banken und Finanzmärkte von der Staatsfinanzierung ist die Eurokrise sehr schnell gelöst. Eine Überschuldung einzelner Staaten kann über den Mechanismus einer echten europäischen Wirtschaftsregierung mit den Kompetenzen zu einer konjunktur- und verteilungsgerechten Fiskalpolitik verhindert werden.

Es ist schon spät, weil wir am Beginn einer Rezession in Europa stehen. Aber es ist noch nicht zu spät für eine wachstumsorientierte und soziale Politik nach dem Motto: *Mehr Europa, aber anders.*

VI. Eliten zwischen Freiheit und Verantwortung

Verantwortungseliten

Der Ausgleich zwischen Freiheit, Sicherheit und Gleichheit aus politischer und religiöser Sicht

VON WOLFGANG HUBER

1. Elite – ein deutscher Mythos

In Deutschland wird wieder nach Orientierung gerufen. Manche scheuen sogar vor dem Wort »Führung« nicht zurück. Doch wenn eine demokratische Gesellschaft ihren Bedarf an klaren Perspektiven befriedigen will, braucht sie dazu Eliten, die den Mut haben, schwiegige Themen anzusprechen, weiterführende Gedanken zu entwickeln und ihre öffentlichen Debatten so zu führen, dass möglichst viele daran teilnehmen können. Dass es an solchen Debatten in Deutschland fehlt, liegt auch daran, dass es um die Eliten schlecht bestellt ist.

Wer von Elite spricht, verletzt allerdings einen deutschen Mythos. Dieser besagt zum einen, dass es Eliten nur unter vor- oder außerdemokratischen Verhältnissen gibt: Zur Elite – wörtlich: zum Kreis der Auserwählten – gehört, wer dazu kraft seiner Abstammung, seiner Bildung oder seines Besitzes einen Anspruch hat; das verträgt sich nicht, so wird gesagt, mit einem demokratischen Selbstverständnis. Dieser deutsche Mythos besagt zum anderen, dass die Eliten in Nazi-Deutschland so gründlich versagt haben, dass seitdem mit ihnen kein Staat mehr zu machen ist.

Beide Elemente dieses deutschen Mythos sind ernst zu nehmen. Denn ständische Elitevorstellungen haben sich in Deutschland bis ins 20. Jahrhundert hinein erhalten. Und Angehörige der politischen, wirtschaftlichen und geistig-kulturellen Eliten applaudierten der Machtübergabe an Hitler und rechtfertigten die Menschenverachtung durch das NS-Regime. Niemand kann sagen, nur der »Pöbel« habe Hitler zugejubelt.

Doch das »andere Deutschland« wäre ohne das Bewusstsein einer herausgehobenen gesellschaftlichen Verantwortung überhaupt nicht zu Stande gekommen. Der Mut zu unabhängigem Denken war entscheidend für die passive Resistenz wie für den aktiven Widerstand. Eine pauschale Verachtung von Eliten trifft auch diejenigen, die sich dem Kulturbruch entgegenstellten.

Aus diesem knappen Blick zurück ergibt sich: Der Streit um den Begriff der Elite kann heute kein Grund dafür sein, die Augen davor zu verschließen, dass Menschen in herausgehobenen Positionen auch eine herausgehobene Verantwortung haben.

2. Von Machteliten zu Verantwortungseliten

Auch wer aus ideologischen Vorbehalten heraus auf den Begriff der Elite verzichtet, kann nicht leugnen, dass es in den großen sozialen Gestaltungsbereichen der Politik, der Wirtschaft und des geistig-kulturellen Lebens Inhaber herausgehobener Positionen gibt, die kraft ihrer Position über die Belange ihrer eigenen Gruppe hinaus die gesellschaftlichen Strukturen und die sie tragenden Normen beeinflussen können sowie als Vorbild wirken oder sich einer solchen Vorbildfunktion entziehen können.[1] Die Rolle dieser Führungsgruppen muss in jedem Fall zum Thema werden – unabhängig davon, ob man sie als Eliten bezeichnet oder auf diesen Begriff verzichtet.

Soweit der Begriff der Elite für die Inhaber herausgehobener Positionen in der Diskussion der zurückliegenden Jahrzehnte verwendet wurde, war zumeist entweder von Machteliten oder von Funktionseliten die Rede. Abgehoben wurde also entweder darauf, dass diese Inhaber bestimmter gesellschaftlicher Positionen über Macht verfügen und ein Interesse daran haben, diese Macht zu erhalten beziehungsweise auszubauen. Oder der Akzent wurde darauf gelegt, dass sie eine bestimmte Funktion innerhalb eines gesellschaftlichen Teilsystems wahrnehmen und dabei den Funktionserfordernissen dieses Teilsystems genügen. Beide Definitionen haben gerade darin einen normativen Gehalt, dass sie scheinbar auf normative Bestimmungen verzichten. Sie geben damit im einen Fall normativ vor, dass Machtgewinn und Machterhalt den entscheidenden Gehalt des Elitebegriffs ausmachen; im anderen Fall aber besteht die normative Entscheidung darin, dass die einzelne Person, auch wenn sie eine herausgehobene gesellschaftliche Position innehat, nicht Subjekt eines verantwortlichen Handelns, sondern, wie der Soziologe Niklas Luhmann in solchen Zusammenhängen sagte, »Umwelt des Systems« ist.[2]

---

[1] In vereinfachter Form übernimmt der Autor diese Definition von Bohlken, Eike: Die Verantwortung der Eliten: Eine Theorie der Gemeinwohlpflichten. Frankfurt/Main 2011. S. 77.
[2] Siehe dazu grundlegend: Luhmann, Niklas: Soziale Systeme. Grundriss einer allgemeinen Theorie. Frankfurt 1984.

Diese verschleierte Form von Normativität entsteht gerade dadurch, dass Eliten nicht von ihren Aufgaben, sondern von ihrem Status beziehungsweise von ihrer Funktion her bestimmt werden. Bestimmt man sie von ihren Aufgaben her, so ist es unvermeidbar, sie als Verantwortungseliten zu verstehen.[3] Sie haben die Aufgabe, die sozialen Verhältnisse in ihrem jeweiligen Zuständigkeitsbereich verantwortlich und nachhaltig zu gestalten, dabei aber nicht nur den eigenen Zuständigkeitsbereich, sondern den größeren gesellschaftlichen Zusammenhang im Blick zu haben. Und es fällt ihnen als öffentlichen Personen die Aufgabe eines vorbildhaften, auch andere überzeugenden Wirkens zu.

Die Verantwortung von Angehörigen der Verantwortungseliten lässt sich nicht exklusiv verstehen. Sie trägt nicht den Charakter der Ausschließlichkeit. Ihre – so lange vernachlässigte – Vorbildfunktion ist genau deshalb wichtig, weil sie andere dazu ermutigen kann, ihrer Verantwortung gerecht zu werden. In einer demokratischen Gesellschaft tragen nicht nur die Angehörigen einer Elite, sondern alle Bürger zur Gestaltung des gemeinsamen Lebens bei. Alle sind Staatsbürger, Wirtschaftsbürger und Kulturbürger und insofern an der Gestaltung des politischen, wirtschaftlichen und geistig-kulturellen Lebens beteiligt. Deshalb kann auch eine scharfe Abgrenzung der Personengruppen, die zur politischen, wirtschaftlichen und geistig-kulturellen Elite gehören, nicht gelingen; vielmehr sind die Grenzen notwendigerweise fließend. Pointiert könnte man sagen: Zur Elite gehört, wer sich der Verantwortung der Elite gemäß verhält. Nur lässt dieser pointierte Satz keine Umkehr zu. Denn zur Elite gehören auch diejenigen Inhaber von Spitzenpositionen in Politik, Wirtschaft oder geistig-kulturellem Leben, die ihrer Verantwortung nicht gerecht werden.

Gibt es Maßstäbe, an denen sich Angehörige der Eliten zu orientieren haben? Bei allen Vorbehalten gegenüber dem Begriff der Funktionselite sollte man zunächst nicht leugnen, dass sich ihr verantwortliches Handeln im jeweiligen Zuständigkeitsbereich zu allererst daran erweisen muss, dass sie den Funktionserfordernissen des jeweiligen Bereichs gerecht werden. Doch das allein genügt nicht: Wer zur Verantwortungselite einer Gesellschaft gehört, muss über den eigenen Zuständigkeitsbereich hinaus das Ganze der Gesellschaft im Blick haben. Er muss, wie ein seit der Antike tradierter Begriff sagt, das Gemeinwohl im Blick haben. Dieser Begriff ist zu Unrecht in Misskredit geraten. Denn dass er ideologisch missbraucht worden ist,

---

[3] Zum Begriff der »Verantwortungselite« vgl. den unter der Mitwirkung des Autors entstandenen Text: Evangelische Verantwortungseliten. Eine Orientierung, Hannover 2011; siehe auch Huber, Wolfgang: »Auserwählt und verachtet. Keine Demokratie kommt ohne sie aus – eine Verteidigung der Eliten.« In: DIE ZEIT, 13. Oktober 2011. S. 15.

hebt seinen richtigen Gebrauch nicht auf. Ein solcher ideologischer Missbrauch ist auch anderen Begriffen schon widerfahren: Das gilt für die Begriffe von Freiheit, Sicherheit und Gleichheit, die im Titel dieser Veranstaltung stehen, in ganz besonderem Maß.

Sucht man deshalb nach einem Begriff des Gemeinwohls, der gegen ideologischen Missbrauch leidlich gefeit ist, so liegt es nahe, das Gemeinwohl einerseits mit den elementaren Forderungen der Gerechtigkeit zu verbinden und es andererseits dort berücksichtigt zu sehen, wo Bedingungen des guten Lebens geschaffen oder bewahrt werden. Das Gemeinwohl hat es also zum einen mit dem Rechten und zum andern mit dem Guten zu tun. Dabei gibt es einen klaren Vorrang für das Rechte, das wir einander schulden, um die Integrität menschlichen Lebens zu wahren, vor dem Guten, das wir erstreben, damit menschliches Leben gelingt.[4] Das Rechte findet in modernen Gesellschaften – und zunehmend auch in der Staatengemeinschaft – seinen Ausdruck in der Anerkennung elementarer Menschenrechte. Sicherheit als Schutz des Menschen in seiner unantastbaren Würde und Freiheit sowie als Gewährleistung seiner Grundbedürfnisse gehört zu den Menschenrechten ebenso wie ein System gleicher Freiheiten, für das die Gewährleistung der Freiheit sich gerade darin bewährt, dass der Zugang zu ihr für alle gleichermaßen offensteht. Schon auf der Ebene des Rechten sind Freiheit, Sicherheit und Gleichheit in dieser Perspektive eng miteinander verbunden. Die Achtung vor dem Rechten kann eingeklagt und notfalls auch mit den Mitteln des Rechts durchgesetzt werden. Mit dem Guten dagegen verhält es sich anders. Unter dem guten Leben verstehen nicht alle das Gleiche. In modernen Gesellschaften verwirklicht es sich vielmehr in einer Pluralität kultureller und religiöser Orientierungen und erfordert deshalb vor allem anderen: wechselseitigen Respekt in dieser Pluralität. Die Bedingungen des Guten können deshalb nicht im Vorhinein definiert werden, sondern sind im Prozess demokratischen Aushandelns immer wieder von Neuem zu ermitteln. Gegenwärtig erleben wir eine solche Debatte beispielsweise im Blick auf die Familie und ihre unterschiedlichen Formen unter dem Stichwort »Betreuungsgeld«. Es täte dieser Debatte gut, wenn sie weniger verdeckt und mit mehr Respekt für unterschiedliche Lebensmodelle geführt würde.

> Wer zur Verantwortungselite einer Gesellschaft gehört, muss das Gemeinwohl im Blick haben.

Das Rechte und das Gute im beschriebenen Sinn bilden die beiden Hauptthemen der Ethik. Die Orientierung am so beschriebenen Gemeinwohl verbindet das Han-

---

[4] Der Autor wählt hier einen anderen Weg als Eike Bohlken, der zwischen »basalem« und »meliorem« Gemeinwohl unterscheidet. Bohlken: Verantwortung der Eliten. S. 202-209.

deln der Eliten gemäß den Funktionserfordernissen des jeweiligen Zuständigkeitsbereichs mit einer gehaltvollen ethischen Orientierung. Genau darin können Eliten vorbildhaft wirken: Sie machen deutlich, dass moderne Gesellschaften nicht dazu verdammt sind, ihre funktionalen Notwendigkeiten und die Maßstäbe ethischer Verantwortung beziehungslos auseinandertreten zu lassen. Die politischen, wirtschaftlichen und geistig-kulturellen Eliten haben je ihren Beitrag dazu zu leisten, dass ein Ausgleich zwischen Freiheit, Sicherheit und Gleichheit gelingt. Politik leistet diesen Beitrag vor allem durch die Ermöglichung geordneter Pluralität; die Religion (jedenfalls in ihrer christlichen Gestalt) leistet diesen Beitrag insbesondere dadurch, dass sie Selbstbestimmung mit Nächstenliebe und Autonomie mit Demut gegenüber der Wirklichkeit Gottes verbindet. Auch die Wirtschaft muss einen Beitrag zu diesem Ausgleich leisten, wie die Debatten um *Corporate Social Responsibility* und *Corporate Citizenship* beispielhaft zeigen.

3. Zur Rolle von Mutbürgern und Verantwortungseliten in der demokratischen Gesellschaft

Nach diesem Klärungsversuch komme ich zum Ausgangspunkt zurück. Auf die These, dass der Begriff der Elite mit einer demokratischen Gesellschaft unverträglich sei, entgegne ich: Keine demokratische Gesellschaft kommt ohne Eliten aus. Gebraucht werden Menschen, die in ihrem jeweiligen Bereich Beeindruckendes leisten und andere dazu anspornen. Gebraucht werden Funktionsträger, die über den eigenen Bereich hinausblicken. Gebraucht werden Mutbürger, die nicht nur an sich selber denken, sondern auch an andere. Orientierung wird von Menschen erwartet, die im Gewirr der Stimmen für etwas Durchdachtes und Klares, für Kontinuität und Unabhängigkeit einstehen.

Die Demokratie braucht Verantwortungseliten. Wer zu ihnen gehört, ist im eigenen Aufgabenbereich kompetent, fragt aber zugleich, was er zum Zusammenhalt der Gesellschaft und zu ihrer Zukunft beitragen kann. Es reicht nicht, von »Funktionseliten« zu sprechen. Es reicht nicht, im eigenen Bereich gut zu »funktionieren« – ohne Rücksicht auf eine Verantwortung, die darüber hinausgeht. Es ist wieder an der Zeit, sich am Gemeinwohl zu orientieren und sich um vorbildhaftes Verhalten zu bemühen.

Politiker, Manager und andere Funktionsträger tragen selbst dazu bei, dass sie in der Vertrauensskala der Bevölkerung die Schlusslichter bilden. In wachsendem Maß laufen »Wutbürger« gegen die Funktionäre Sturm, protestieren gegen Infrastrukturprojekte oder verlangen den Ausstieg aus der Atomenergie, das Ende der Kohleverstromung und den Verzicht auf Windräder gleichzeitig. Doch viele dieser Pro-

Angela Merkel beim »Zukunftsdialog« mit Bürgern (März 2012)

teste sind von derselben Kurzatmigkeit geprägt, die man den Kritisierten vorwirft. Das Eigeninteresse stellt weiterreichende Überlegungen in den Schatten – bei vielen Wutbürgern genauso wie bei den Adressaten ihres Zorns.

Politiker müssen sich solchen Diskussionen stellen, weil sie auf Mehrheiten angewiesen sind. Manager können sich vermeintlich aus ihnen heraushalten; sie werden nicht von der Bevölkerung gewählt. Viele Angehörige der geistig-kulturellen Elite ziehen sich in den »Mastkorb« zurück, beobachten die Szenerie, verstärken Stimmungen, übernehmen selbst aber keine Verantwortung.

Im Feld der Politik verführt eine solche Konstellation zu kurzatmigen populistischen Reaktionen. 2010 wurde die Laufzeit der Kernkraftwerke in Deutschland verlängert; nach Fukushima wurde diese Entscheidung wieder zurückgenommen. Das überraschend alte Datum dafür, wann der letzte Atommeiler abgeschaltet wird, ließ man sich von einer Ethikkommission bestätigen. Bei aller Fragwürdigkeit ist ein aktives politisches Handeln dieser Art noch weit besser als die Tendenz, sich wegzuducken und abzuschotten. Politische Funktionäre neigen zum populistischen Aktionismus, wirtschaftliche zum Abschotten. Weder mit dem einen noch mit dem andern kann man sich abfinden.

Wenn es anders werden soll, müssen mehr Menschen aus der Deckung gehen und sich der Verantwortung stellen. Wer das tut, gehört zur Elite. In der Demokratie hängt die Zugehörigkeit zu ihr nicht an Titeln, Berufsbezeichnungen, Besitztümern oder Bildungsabschlüssen. Es gibt für sie keine anderen Kriterien als Leistung und Verantwortung. Auf beides zusammen kommt es an. Leistungsträger, die sich der Verantwortung entziehen, zerstören Vertrauen. Eine Gesellschaft aber, die Leistung und Verantwortung nicht anerkennt, schneidet sich ins eigene Fleisch.

Die Herausforderungen für eine Verantwortungselite liegen auf der Hand. Die Fukushima-Krise öffnet die Chance zu einer nachhaltigen Umgestaltung von Energieproduktion und Energiekonsum; die Staatsschulden-Krise verlangt nach wetterfesten und tragfähigen Strukturen Europas; die Integrationsdebatte erfordert eine Verständigung über das Zukunftsbild der deutschen Gesellschaft.

Immer wieder ist vom christlichen Menschenbild die Rede – allzu häufig ziemlich unbestimmt. Was auch immer sich einzelne darunter vorstellen – zu seinem Kernbestand gehört verantwortete Freiheit. Freiheit bedeutet nicht, *von* der Verantwortung befreit zu sein, sondern *zu* ihr. Eine freiheitliche Ordnung bietet vielgestaltigen Verantwortungseliten Raum. Sie sind frei darin, sich zu vernetzen und unkonventionelle Bundesgenossenschaften einzugehen. Ansätze dazu gibt es. Einrichtungen zur Begabtenförderung, Akademien, kirchliche Verbände und Kommunitäten, zivilgesellschaftliche Vereinigungen sind Beispiele dafür.

Auch für Verantwortungseliten gilt der Grundsatz der Inklusion. Jeder kann sich an verantwortlichem Handeln in der Gesellschaft beteiligen – Hauptsache, es geschieht ohne falschen Dünkel, aber auch ohne falsche Bescheidenheit. Inklusion bedeutet auch, dass Frauen und Männer zu solchen Verantwortungseliten einen gleichen Zugang haben.

In einer Zeit großer Herausforderungen ist etwas anderes gefragt als Elitenverachtung. Nötig sind Mutbürger, die sich um die Zukunft kümmern und dazu beitragen, dass das Streben nach Freiheit, nach Sicherheit und nach Gleichheit auch künftig miteinander vereinbar bleibt. Dieser Ausgleich kann nicht allein politisch oder religiös gewährleistet werden; er muss in allen gesellschaftlichen Bereichen erstrebt werden, die Wirtschaft eingeschlossen. Deshalb ist es von großer praktischer Bedeutung, dass sich die politischen, die wirtschaftlichen und die geistig-kulturellen Eliten gleichermaßen als Verantwortungseliten begreifen.

»Überforderung durch Freiheit?«

Thomas Gauly im Gespräch mit der Psychologin Annette Kämmerer über das Spannungsverhältnis individueller und kollektiver Interessen, die Vielfalt an Lebensmöglichkeiten in der Multioptionsgesellschaft und wie diese zur Belastung für den Menschen werden kann.

THOMAS GAULY: Freiheit und Gleichheit gehören spätestens seit Alexis de Toqueville zu den zentralen Begriffspaaren, welche die Spannungsfelder des Einzelnen zwischen individuellen und kollektiven Interessen in einer demokratisch organisierten Staatsform beschreiben. Wie schlagen sich diese Spannungen in unserer Gesellschaft nieder?

ANNETTE KÄMMERER: Freiheit ist zunächst die Freiheit des anderen, das heißt etwas, das ich gewähre. Auch Staatswesen handeln so: Sie gewähren ihren Bürgern Freiheit – oder eben auch nicht. Das bedeutet natürlich, dass Freiheit auch immer wieder eingefordert werden muss – die Geschichte ist voller Beispiele dafür. Das Einfordern von Freiheit wird nicht selten mit dem Ruf nach Gleichheit begründet, woraus in der alltäglichen Lebenswelt Spannungen entstehen können. Ob das Diskussionen mit den heranwachsenden Kindern sind, doch bitte mindestens so lange aufbleiben zu dürfen wie das ältere Geschwisterkind, oder ob es sich um Fragen des Zugangs zu gesellschaftlich wichtigen Gütern und Dienstleistungen handelt – die Forderung nach Freiheit wird mit dem Grundsatz der Gleichheit untermauert. In dieser Forderung nach dem »gleichen Recht für alle« ist aus meiner Sicht die Konzeption von Freiheit als eine zu gewährende enthalten: Jeder mündige Bürger ist in der Pflicht, die eigenen Interessen nicht den Interessen der anderen vorzuordnen. Das Grundgesetz berücksichtigt dieses Spannungsverhältnis in Artikel zwei und drei.

THOMAS GAULY: Hat sich das Spannungsverhältnis im Zuge der Pluralisierung und Modernisierung verändert?

ANNETTE KÄMMERER: Das denke ich schon. Wir leben in einer stark individualistischen Gesellschaft, in der die Bedürfnisse des Einzelnen einen hohen Stellenwert haben und von vielen betont werden. Es ist klar, dass vor diesem Hintergrund das Konfliktpotenzial zwischen Freiheit und Gleichheit auf die Probe gestellt wird und die Freiheit als etwas zu Gewährendes und eben nicht einfach sozialdarwinistisch zu Forderndes immer wieder ausbalanciert werden muss. Es wäre aus meiner Sicht aber zu kurz gedacht, diese Betonung der individuellen Freiheit nur zu verurteilen, denn die deutsche Geschichte ist gefüllt mit üblen kollektiven Erfahrungen – ich denke natürlich an den Nationalsozialismus, aber auch an die DDR – und der Blick in die gegenwärtige Welt verheißt auch nichts wirklich Gutes hinsichtlich jener Staaten, die den Einzelnen unter das Diktat des Kollektivs stellen.

THOMAS GAULY: Lassen Sie uns über den dritten Begriff sprechen, der im Titel unseres Bandes enthalten ist: Sicherheit. Die Bundesrepublik Deutschland wurde in Zeiten des Kalten Krieges aus der Taufe gehoben. Auch die wechselvolle politische, gesellschaftliche und wirtschaftliche Geschichte der Deutschen im 19. und 20. Jahrhundert hat dem Thema Sicherheit einen besonderen Stellenwert in der Wertskala der Deutschen verliehen. Schon aus diesen Gründen spielte und spielt dieser Begriff in unserem heutigen Politik- und Gesellschaftsverständnis eine hervorgehobene Rolle. Wenn Sie Ihre Erfahrungen aus anderen Staaten einmal reflektieren, wo fallen Ihnen Unterschiede und Gemeinsamkeiten zum deutschen Verständnis von Sicherheit auf?

ANNETTE KÄMMERER: Sicherheit gehört zunächst einmal zu den Urinstinkten des Menschen. Wir benötigen für unser Leben Schutz und Beistand, ansonsten gehen wir kläglich zugrunde. Während sich unsere Urväter und Urmütter noch alleine gegen Feinde verteidigten und so versuchten, die Sicherheit der Horde oder Sippe zu gewährleisten, haben wir seit der frühen Neuzeit das Gewaltmonopol in die Hände des Staates gelegt. Daraus resultiert eine gesellschaftliche Konstellation, die von jedem Einzelnen etwas erfordert, was psychologisch gar nicht so einfach ist, nämlich *Vertrauen* zu haben in die staatlichen Einrichtungen, dass diese die eigene Sicherheit und die der Mitmenschen garantieren mögen und können. Nun gibt es sicherlich gesellschaftliche Konstellationen, die dieses Vertrauen erleichtern und andere, die es erschweren. Eine demokratische Regierungsform und eine funktionierende Verwaltung, vor allem eine funktionierende Justiz, die Ächtung von Korruption, Teilhabe an gesellschaftlichen Entscheidungen – all das sind Bedingungen, die das Vertrauen in den Staat und dessen Schutzfunktion fördern. Psychologisch gesehen ist Vertrauen vor allem dann möglich, wenn Orientierung und Kontrolle gegeben sind; denn nur auf der Basis der vitalen Erfahrung von Orientierungs- und Kontrollmöglichkeiten ist der Einzelne in der Lage, diese aus der Hand zu geben und anderen Entscheidern eine Option auf Zukunfts*möglichkeiten* zu gewähren, das heißt zu vertrauen. Inwiefern diese Prozesse in Deutschland anders sind als in anderen Ländern, vermag ich nicht zu sagen. Es bedürfte eines genaueren Hinsehens, um die Unterschiede und Gemeinsamkeiten zu anderen Staaten herauszuarbeiten.

THOMAS GAULY: Die Chance des Vergleichs bietet die gegenwärtige Finanz- und Staatsschuldenkrise, die manche Grundkonstanten in Gesellschaft und Politik ins Wanken bringt. Inwieweit sehen Sie eine Umdeutung oder Weiterentwicklung des alten Freiheits- und Gleichheitsbegriffes im Zusammenhang mit unserem Streben nach Sicherheit?

ANNETTE KÄMMERER: Ich sehe das gar nicht so, dass Grundkonstanten ins Wanken geraten. Das Finanzsystem gerät ins Wanken! Wir sollten das nicht miteinander verwechseln und der Rede vom »Diktat der Märkte« nicht noch mehr Raum geben, als dies im öffentlichen Diskurs ohnehin schon geschieht.

THOMAS GAULY: Aber sehen Sie nicht eine Erosion des Vertrauens in unser Gesellschafts- und Wirtschaftssystem? Manch einer spricht von einer »Weltvertrauenskrise«.

ANNETTE KÄMMERER: Was auch mir Sorgen bereitet – und insofern würde ich das Wort »wanken« durchaus benutzen wollen –, ist der Vertrauensschwund. Wie ich bereits gesagt habe, ist Vertrauen an antizipierbare Prozesse gebunden, und es ist eine wesentliche Bedingung, ja sogar Voraussetzung demokratischer Staatsgebilde. Wenn beschwichtigende Phrasen die Oberhand gewinnen, wenn Informationen verschleiert werden oder sich in kurzen Zeitrhythmen dramatisch verändern und sogar ins Gegenteil verkehren, dann wird dieses Vertrauen erschwert. Und dann haben wir wirklich ein Problem mit der Freiheit, denn eine der menschlichsten Reaktionen in komplexen, unklaren Situationen ist die Suche nach schnellen Lösungen, die diesen unangenehmen Zustand der Unklarheit – der psychologische Terminus dafür lautet »kognitive Dissonanz« – beenden. Die Geschichte ist voller Beispiele, die uns zeigen, dass diese sogenannten schnellen Lösungen das Unheil in der Regel verschlimmern als beseitigen.

THOMAS GAULY: Die Geschichte lehrt uns, dass wir mit unserer Freiheit nicht immer sorgsam genug umgegangen sind. Ohne den historischen Vergleich überstrapazieren zu wollen: Auch heute fühlen sich Menschen von den vielfältigen Freiheitsoptionen überfordert und von Unternehmen, insbesondere den Banken, regelrecht zum Konsum verführt. Sind wir von unserer Freiheit überfordert?

ANNETTE KÄMMERER: Ja, vielleicht sind wir von unserer Freiheit bisweilen überfordert. Wobei ich allerdings eher der Meinung bin, dass wir mit einer Verabsolutierung eines Aspekts der Gleichheit überfordert sind. Denn Gleichheit wird sehr schnell missverstanden als ein Anspruch auf materielle Teilhabe. Die verschiedenen »Blasen« der jüngsten Finanzkrisen geben beredtes Zeugnis davon: »Internetblasen«, »Immobilienblasen«, »Aktienblasen« etc. zeigen uns, dass es die Gier ist, die uns in Risiken lockt, deren Ausgang vielfach unklar ist. Dass Gleichheit auch bedeutet, etwas abzugeben oder auf etwas zu verzichten, gerät bei den gierigen Zielen schnell in den Hintergrund.

Ich möchte noch auf einen anderen Punkt eingehen: Die Idee von der Freiheit und vor allem die von der Gleichheit birgt als Gefahr, dass Unterschiede nicht mehr als solche wahrgenommen und akzeptiert werden, sondern dass diese zu moralischen oder auch ideologischen Werturteilen werden. Es gibt dann nicht mehr ein nüchternes »verschieden von«, sondern sehr schnell ein »besser oder schlechter als«. Wenn die – zum Glück – vorhandenen Unterschiede zwischen uns Menschen nicht mehr als solche

> Gleichheit wird sehr schnell missverstanden als ein Anspruch auf materielle Teilhabe.

gesehen und toleriert werden, sondern wir einem »Idealbild« untergeordnet werden und jede Andersartigkeit als Mangel gesehen wird, den es zu beheben gilt, dann kann es sein, dass wir einem Zwang der Nivellierung unterliegen, der die Gleichheit pervertiert. Denn das Paradoxe an der Gleichheit ist ja, dass sie von den Unterschieden lebt. Nur wenn wir die Vielheit und die Unterschiedlichkeit akzeptieren, kann so etwas wie der Ruf nach Gleichheit entstehen. Wären wir alle gleich, bräuchten wir die Gleichheit nicht zu fordern.

THOMAS GAULY: Es ist also nicht die oft zitierte »Überforderung« durch die Freiheit in einer Multioptionsgesellschaft als vielmehr die Gefahr der Nivellierung, die Sie fürchten?

ANNETTE KÄMMERER: Ja, denn ich frage mich: Überfordert wovon? Vom Leistungsanspruch unserer Gesellschaft? Ich weiß nicht so recht, denn ich habe meine Schwierigkeiten mit solchen Verallgemeinerungen, die uns meistens medial vorgesetzt werden. Gesellschaftliche Unkenrufe verkaufen sich bekanntlich gut. Sicherlich haben manche Menschen mit den Leistungsansprüchen unserer Gesellschaft Probleme, während andere dieses Gefühl nicht haben und diesen Leistungsanspruch als eine willkommene Möglichkeit für Statuserwerb und Lebenssinn ansehen. War das jemals anders? Waren unsere Eltern und Großeltern nicht überfordert? Von schwerer körperlicher Arbeit, Sechs-Tage-Wochen, nicht vorhandener Absicherung im Krankheitsfall etc.? Zeichnen wir nicht illusionäre Idyllen, wenn wir glauben, dass früher alles anders und vor allem besser war? Wollen wir wirklich zurück in Zeiten, in denen sozialer Aufstieg, Erfolg, finanzielles Auskommen etc. nicht an die persönliche Leistung, sondern an die Zugehörigkeit zu einer sozialen Gruppe gebunden war und diejenigen, die davon ausgeschlossen waren, keine Chancen auf Veränderungen hatten? Wir müssen den Begriff des Leistungsanspruchs genauer betrachten und herausarbeiten, was ihn wirklich so belastend macht. Es ist ja nicht die Leistung an sich, sondern es sind der *workload*, der Zeit- und Konkurrenzdruck, die Anforderungen an Flexibilität und Mobilität, die

Schnelligkeit, mit der sich die Arbeitswelt ändert, die Überflutung mit Informationen, was uns belastet. Hieran sollten wir Änderungen vornehmen, aber nicht an der Leistung an sich.

THOMAS GAULY: Damit kommen wir zu einem Schlagwort, das in den vergangenen Monaten in den Medien Karriere gemacht hat: *Burn out*. In den Buchhandlungen und auf einschlägigen Internetseiten finden wir eine Reihe von Titeln, die sich damit beschäftigen. Was ist *Burn out* und was hat es mit der Art zu tun, wie wir mit unserer persönlichen Freiheit umgehen?

ANNETTE KÄMMERER: *Burn out* ist meines Erachtens am besten zu übersetzen mit »seelischer Erschöpfung«. Die wachsende Vielfalt von Möglichkeiten, die Menschen haben, kann zu Überforderung führen. Es ist ja nicht nur die Arbeitssituation, die zu *Burn out* führen kann, sondern auch der Freizeitstress, dem große Teile der Bevölkerung ausgesetzt sind. Wir sind angehalten, unser Freizeitverhalten zu optimieren, uns zu bewegen, gesund zu essen, gute Familienväter und -mütter zu sein – die Liste ließe sich fortsetzen. Die explosionsartige Vervielfältigung von Lebensmöglichkeiten kann zu einer seelischen Erschöpfung führen, bei der nichts mehr geht. In dieser seelischen Erschöpfung finden wir die Kehrseite der individuellen Möglichkeiten und der Freiheit des Einzelnen in unserer Gegenwartskultur. Denn dieses »Jeder ist seines Glückes Schmied« hat natürlich den Preis des Zurückgeworfenseins auf die persönliche Anstrengung. Ein Misslingen wird – oft schmerzhaft – als eigenes Versagen erlebt. Nur wer mitschwimmt im großen Strom der Möglichkeiten, kann sich die Teilhabe am gesellschaftlichen Erfolg sichern. Das ist die Dialektik der Freiheit beziehungsweise der Aufklärung, auf die Horkheimer und Adorno schon vor mehr als sechzig Jahren hingewiesen haben.

THOMAS GAULY: Dagegen vertreten Kritiker gerne die These, unsere Wirtschaft würde unter dem Druck der Globalisierung immer mehr Einsatzbereitschaft vom Einzelnen fordern, angefangen in der Schule, Ausbildung, im Studium, bis hin zum Management von Unternehmen. Die Klagen über einen zunehmenden Arbeits- und Erfolgsdruck mehren sich auch bei Angestellten im öffentlichen Dienst oder bei Verkäuferinnen in Discount-Läden. Leben wir in einer kollektiven »Druckgesellschaft« oder sind wir nicht mehr bereit, für unseren Wohlstand den entsprechenden Preis zu zahlen?

ANNETTE KÄMMERER: Der Druck auf den Einzelnen ist groß in unserer gegenwärtigen Gesellschaft. Das ist der zu zahlende Preis für die vielfältigen Entfaltungsmöglichkeiten. Die Zugehörigkeit zu einer Gruppe, ja sogar das Verhaftetsein in einer Gruppe, ist ja

> Nur wer mitschwimmt im großen Strom der Möglichkeiten, kann sich die Teilhabe am gesellschaftlichen Erfolg sichern.

nicht automatisch gleichbedeutend mit Einschränkungen an Lebensmöglichkeiten.

THOMAS GAULY: Was bedeutet das konkret?

ANNETTE KÄMMERER: Lassen Sie es mich an einem Beispiel erläutern: Wenn ich in einer sozialen Gruppe lebe, deren Normen vorehelichen Geschlechtsverkehr verbieten, muss ich mir als jugendlicher Mensch wenig Gedanken darüber machen, ob ich attraktiv genug bin, jemanden zu finden, der oder die mit mir einen sexuellen Kontakt eingeht. Dieser ist ja nicht toleriert und die Gruppe, der ich mich zugehörig fühle, verhält sich entsprechend. In unserer individualistischen, säkularisierten Welt ist das ganz anders: Vorehelicher Geschlechtsverkehr gehört gewissermaßen dazu, und findet sich kein Sexualpartner, wird das vom Einzelnen als ein *persönlicher* Mangel erlebt, als ein Versagen der *eigenen* Attraktivität, ja ganz allgemein der eigenen Person. Das hinterlässt möglicherweise tiefere Wunden als die Unterordnung unter eine Gruppennorm.

THOMAS GAULY: Über Ihre berufliche Tätigkeit als Professorin am Psychologischen Institut der Universität Heidelberg arbeiten Sie auch mit jungen Erwachsenen zusammen und setzen sich mit solchen Phänomenen auseinander. Was ist Ihr Eindruck: Entwickelt sich vor dem Hintergrund einer saturierten Wohlstandsgesellschaft einerseits und einer krisengeschüttelten verunsicherten Generation andererseits ein grundlegend neues Verständnis von Freiheit und Gleichheit?

ANNETTE KÄMMERER: Ich glaube, ein grundlegend neues Verständnis von Freiheit und Gleichheit entwickelt sich nicht und ist auch gar nicht möglich. Denn die Leitlinien einer Freiheit in demokratischen Gesellschaften und auch einer Gleichheit der Chancen in derartigen Strukturen sind klar formuliert und nach wie vor gültig. Philosophisch und auch psychologisch sind die Perspektiven der Freiheit gut abgesteckt: Wir berücksichtigen in unseren Entscheidungen die Bedingtheiten unserer Existenz, das heißt unsere biografischen Erfahrungen, die ganze Fülle der Lebenserfahrungen. Gleichzeitig streben wir nach einer Optimierung von Handlungsmöglichkeiten, nach Handlungsfreiheit, die ja erst möglich wird auf der Basis von Erfahrungen. Würden diese ignoriert, wäre unser Handeln willkürlich und vom Zufall gesteuert. Und wir streben nach Willensfreiheit, nach der Freiheit, den Willen zu haben, den wir haben möchten. Das ist ein hoher Anspruch, für den sich anzustrengen gleichwohl lohnend ist, denn er verspricht Identität und Authentizität. Gesellschaftliche Krisen und Verunsicherungen können daran, so meine Überzeugung, so schnell nichts ändern. Denn wir können uns verlassen auf etwas, das in den Kanon der Freiheitsdiskussion und -definition hineingehört: auf die Urteilsfähigkeit des Menschen. Gewiss ist sie mal mehr und mal weniger vorhanden, aber gesamthaft gesehen, hat sie uns in den Jahrtausenden der Evolution ziemlich weit gebracht.

THOMAS GAULY: Lassen Sie uns nochmals über das Verhältnis von Freiheit und Sicherheit sprechen. Vor Jahren behauptete der Soziologe Ulrich Beck, wir lebten in einer »Risikogesellschaft«, in der sich jeder gegen jedes mögliche Risiko abzusichern versuche und der Mut zu Entscheidungen und zu Risiko dramatisch zurückginge.[1] Können Sie sich vorstellen, dass sich zunehmend mehr Menschen in Deutschland für mehr Sicherheit und weniger Freiheit entscheiden?

ANNETTE KÄMMERER: Ich weiß nicht, ob man das so pauschal sagen kann. Betrachtet man die individuellen Lebensentwürfe, etwa die sinkende Bereitschaft zu Partnerschaft und Familiengründung, scheint die Risikobereitschaft eher groß zu sein, denn zunehmend mehr Menschen entscheiden sich für mehr singuläre Freiheit und Unabhängigkeit und damit gegen die Sicherheit, die eine intakte Partnerschaft und Familie bietet. Auch der Blick auf viele Sportarten lässt mich an dem Sicherheitsbedürfnis unserer Mitmenschen zweifeln: Da rasen Menschen in irrwitziger Geschwindigkeit von Hängen herunter oder zwischen Wohngebieten herum, lassen sich aus großer Höhe herabfallen, besteigen mehr oder weniger untrainiert die höchsten Berge. Wir investieren unser Geld auf intransparenten Aktienmärkten, lassen unsere Körper von Chirurgen »verschönern« und schenken Werbeversprechen Glauben, die uns das Blaue vom Himmel versprechen. Mit Sicherheit hat das meines Erachtens nicht wirklich viel zu tun. Auf der anderen Seite wird uns Deutschen ja allenthalben nachgesagt, wir seien ängstlich und stets um unsere Existenzsicherung bange. Die *German Angst* ist ja sprichwörtlich geworden in der Welt. Wie an allen Vorurteilen wird auch an diesem etwas dran sein. Ich hoffe insgesamt nur, dass wir uns an das wertvolle Gut der Freiheit nicht so gewöhnt haben, dass wir dieses für selbstverständlich erachten und daher glauben, uns zurücklehnen zu können. Mir fällt in diesem Zusammenhang eine Gedichtzeile von Hilde Domin ein: »Ich setzte den Fuß in die Luft, und sie trug.« Darin ist für mich auf unnachahmlich schöne Weise der Zusammenhang von Sicherheit und Freiheit in Worte gefasst.[2]

---

[1] Beck, Ulrich: Risikogesellschaft. Auf dem Weg in eine andere Moderne. Frankfurt 1986.
[2] Domin, Hilde: Sämtliche Gedichte. Frankfurt ⁵2011.

Biografien der Autoren

ECKART CONZE: Geboren 1963 in Coburg. Studium der Geschichte, Politikwissenschaft und des Öffentlichen Rechts an den Universitäten Erlangen, Bonn, Köln und an der *London School of Economics*. Mitarbeiter der Stiftung Wissenschaft und Politik (SWP). Habilitierte sich 1999 an der Universität Tübingen. Seit 2003 Professor für Neuere und Neueste Geschichte an der Universität Marburg. Gastprofessuren an den Universitäten Toronto, Bologna und Cambridge. Direktor des Internationalen Forschungs- und Dokumentationszentrums Kriegsverbrecherprozesse (ICWC) in Marburg sowie Mitglied zahlreicher wissenschaftlicher und wissenschaftspolitischer Institutionen im In- und Ausland. Jüngere Buchveröffentlichungen: »Das Amt und die Vergangenheit. Deutsche Diplomaten im Dritten Reich und in der Bundesrepublik« (2010); »Die Herausforderung des Globalen in der Ära Adenauer« (2010); »The Genocide Convention 60 Years after its Adoption« (2010); »Bürgertum nach dem Ende des bürgerlichen Zeitalters« (2010).

BIOGRAFIEN DER AUTOREN

UDO DI FABIO: Geboren 1954 in Walsum. 1970-1980 Kommunalverwaltungsbeamter bei der Stadt Dinslaken. 1985-1986 Richter beim Sozialgericht Duisburg. 1987 Promotion in Rechtswissenschaften. 1990 Promotion in Sozialwissenschaften. 1993 Habilitation an der Universität Bonn. 1993-2003 Professor an den Universitäten Münster, Trier, München; seit 2003 an der Universität Bonn. 1999-2011 Richter des Bundesverfassungsgerichts. Mitglied der Nordrhein-Westfälischen Akademie der Wissenschaften. Veröffentlichungen (Auswahl): »Wachsende Wirtschaft und steuernder Staat« (2010); »Gewissen, Glaube, Religion«(^{2}2009); »Die Kultur der Freiheit« (2005); »Die Staatsrechtslehre und der Staat« (2003); »Das Recht offener Staaten. Grundlinien einer Staats- und Rechtstheorie« (1998); »Risikoentscheidungen im Rechtsstaat« (1994).

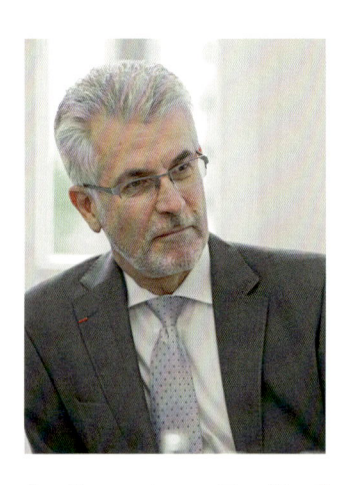

CHRISTOF EICHERT: Geboren 1953 in Bochum. Studium der Rechts- und Staatswissenschaften in Heidelberg, Erlangen und Freiburg. Promotion zum Thema »Obdachlosigkeit und polizeiliche Intervention«. 1981-1985 tätig als Jurist auf allen Ebenen der baden-württembergischen Landesverwaltung. 1985-2003 parteiloser Bürgermeister in Isny im Allgäu und Reutlingen sowie Oberbürgermeister der Stadt Ludwigsburg. 2003-2007 erst in der Geschäftsleitung der Bertelsmann Stiftung, dann der Gemeinnützigen Hertie-Stiftung. 2007-2010 Abteilungsleiter im nordrhein-westfälischen Ministerium für Generationen, Familie, Frauen und Integration. Seit Dezember 2010 Vorstand der Herbert Quandt-Stiftung.

UWE FOULLONG: Geboren 1957 in Neuss/Rhein. Ausbildung zum Bankkaufmann und Studium der Wirtschaftswissenschaften, an der Freien Universität Berlin, Abschluss Diplom-Kaufmann. 1987 Stipendiat der Hans-Böckler-Stiftung. Von 1987-2001 Vorstandssekretär beim Hauptvorstand der Gewerkschaft Handel, Banken und Versicherungen, (HBV), Düsseldorf. Nach der Fusion zur Vereinten Dienstleistungsgewerkschaft (ver.di) von 2001-2004 Bereichsleiter »Koordination Finanzdienstleistungen« beim ver.di-Bundesvorstand, Berlin. Von 2004-2011 Mitglied des ver.di-Bundesvorstandes, zuständig für den Fachbereich Finanzdienstleistungen. Seit 1994 Arbeitnehmervertreter im Aufsichtsrat der Commerzbank. Seit 2005 Mitglied im Fachbeirat der Bundesanstalt für Finanzdienstleistungsaufsicht (BaFin).

FIONA FRITZ: Geboren 1987 in Tübingen. Absolviert seit 2007 ein Geschichts- und Englischstudium an der Albert-Ludwigs-Universität Freiburg (Staatsexamen). 2005 und 2007 Preisträgerin des Geschichtswettbewerbs des Bundespräsidenten. 2006 Teilnahme an der EUSTORY-Akademie zum Thema »Konflikte in der europäischen Geschichte und ihre Auswirkungen auf die Gegenwart« in Berlin. 2011 Podiumsteilnehmerin bei der Matinee »Europa ist Zukunft« mit Helmut Schmidt in Hamburg. 2009-2010 internationale Erfahrungen in Großbritannien, längere Auslandsaufenthalte u. a. in Indien, Israel und Nicaragua.

THOMAS GAULY: Geboren 1960 in Bad Neustadt a.d. Saale. Gründer und Partner des Beratungs- und Investmenthauses Gauly/Dittrich AG. Mitglied im Stiftungsrat der Herbert Quandt-Stiftung sowie Tätigkeit in weiteren gemeinnützigen Institutionen und Stiftungen. Zahlreiche Veröffentlichungen zu den Themen Kommunikation, Ethik und Management. Studium der Politischen Wissenschaften, Katholischen Theologie sowie der Mittleren und Neueren Geschichte an den Universitäten Mainz und Bonn. Magister und Promotion in Bonn zum Dr. phil. 1980-1990 Arbeit als Journalist für Tageszeitungen und das Zweite Deutsche Fernsehen. Tätigkeit in der Hochbegabtenförderung der Katholischen Kirche. 1991-1996 Leiter der Stabsstelle »Politische Planung und Sonderaufgaben« bei der CDU Deutschland. Er vertrat u. a. die CDU Deutschland bei der EVP in Brüssel und Straßburg und arbeitete als Berater des Generalsekretärs sowie des Bundeskanzlers Dr. Helmut Kohl. 1996-2007 Mitglied des Vorstands der Herbert Quandt-Stiftung, Sprecher der Familie Herbert Quandt und Generalbevollmächtigter der ALTANA AG, Bad Homburg. 2007-2011 Partner und Vorstand bei der CNC AG.

WOLFGANG HUBER: Geboren 1942 in Straßburg. Studium der Evangelischen Theologie in Heidelberg, Göttingen und Tübingen, Promotion 1966, dann Vikar und Pfarrer in Württemberg. Von 1968-1980 Mitarbeiter und stellvertretender Leiter der Forschungsstätte der Evangelischen Studiengemeinschaft in Heidelberg, 1972 Habilitation. 1980-1984 Professor für Sozialethik an der Universität Marburg, 1983-1985 Präsident des Deutschen Evangelischen Kirchentages, 1984-1994 Professor für Systematische Theologie an der Universität Heidelberg. 1994-2009 Bischof der Evangelischen Kirche Berlin-Brandenburg-schlesische Oberlausitz. Seit 1995 Honorarprofessor an der Humboldt-Universität zu Berlin und der Universität Heidelberg. 1997-2009 Mitglied des Rates der Evangelischen Kirche in Deutschland, 1998-2001 Mitglied des Zentral- und Exekutivausschusses des Ökumenischen Rates der Kirchen. 2001-2003 Mitglied des Nationalen Ethikrats, 2003-2009 Vorsitzender des Rates der Evangelischen Kirche in Deutschland, 2010 Fellow des *Stellenbosch Institute for Advanced Study* in Südafrika, erneute Berufung als Mitglied des Deutschen Ethikrats.

ANNETTE KÄMMERER: Geboren 1948 in Ziegenhain/Hessen. Studium der Psychologie, Philosophie und Soziologie in Gießen und Heidelberg. 1983 Promotion zum Dr. phil., 2004 Habilitation. Seit 1978 am Psychologischen Institut der Universität Heidelberg; Akademische Direktorin. Außerplanmäßige Professorin. Approbierte Psychotherapeutin (Verhaltenstherapie). Seit April 2012 Mitglied im Marsilius-Kolleg der Universität Heidelberg und Arbeit am Forschungsprojekt: »Gewalt und Altruismus«. Leiterin eines internationalen Doktorandenkollegs in Kooperation mit der *Pontificia Universidad Catolica* und der *Universidad de Chile*; mehrfach Lehrtätigkeit in Santiago de Chile. Mitglied im Leitungsgremium des »Zentrums für Psychologische Psychotherapie« an der Universität Heidelberg. 1986-1987 und 2002-2003: Mitglied des Senats der Universität Heidelberg, 2003-2009 Mitglied des Universitätsrats der Universität Heidelberg.

SUSANNE KLATTEN: Geboren 1962 in Bad Homburg. 1984-1985 Business Studies an der *University of Buckingham*, BSc. 1988 MBA-Studium am *International Institute for Management Development* in Lausanne. Seit 1991 selbstständige Unternehmerin. Aufsichtsratsmandate in familiennahen Unternehmen: Stellvertretende Aufsichtsratsvorsitzende der ALTANA AG, Aufsichtsratsmitglied der BMW AG. Aufsichtsratsmitglied der SGL Carbon AG, Aufsichtsratsvorsitzende der UnternehmerTUM GmbH, Garching, Mitglied des Hochschulrates der Technischen Universität München, Vorsitzende des Stiftungsrates der Herbert Quandt-Stiftung.

JULIA KÜHL: Geboren 1994 in Bad Homburg vor der Höhe. 1999-2004 Besuch der Hölderlin-Schule in Bad Homburg, 2004-2009 Besuch der Humboldt-Schule (Gymnasium), danach Wechsel auf die Internatsschule Schloss Hansenberg in Geisenheim/Johannisberg. Abiturfächer sind als Leistungskurse Politik und Wirtschaft sowie Chemie, als Grundkurse Mathematik, Biologie und Deutsch. Siegerin des Unternehmensgründerwettbewerbs der *Boston Consulting Group* »business@school« sowie Teilnahme am Zukunftcamp der Deutschen Telekom zum Thema Klimaschutz. Besondere Interessen sind internationale Beziehungen, wirtschaftliche und politische Zusammenhänge sowie naturwissenschaftliche Themen.

REINHARD MÜLLER: Geboren 1968 in Walsrode. 1988-1993 Studium der Rechtswissenschaften, seit 1990 auch der Geschichte in Münster. 1993 Erstes Juristisches Staatsexamen. Seit 1994 wissenschaftlicher Mitarbeiter am Lehrstuhl für Öffentliches Recht, Europa- und Völkerrecht der Technischen Universität Dresden. 1996 Promotion über den *Zwei-plus-vier-Vertrag* und das Selbstbestimmungsrecht der Völker. Arbeit als Rechtsreferendar unter anderem in der Abteilung für DDR-Unrecht bei der Staatsanwaltschaft Dresden, in der Pressestelle des sächsischen Innenministeriums, an der Hochschule für Verwaltungswissenschaften in Speyer sowie in der Zentrale der Vereinten Nationen in New York. Nach dem Zweiten Juristischen Staatsexamen 1998 Eintritt in die politische Redaktion der Frankfurter Allgemeinen Zeitung. Schwerpunkte: Recht- und Innenpolitik. Verantwortlich für die Seite »Staat und Recht«.

BIOGRAFIEN DER AUTOREN

THOMAS OPPERMANN: Geboren 1954 in Freckenhorst. Zweijähriger USA-Aufenthalt mit Aktion Sühnezeichen/Friedensdienste. Studium der Rechtswissenschaften in Göttingen. Von 1986-1990 Richter an den Verwaltungsgerichten in Hannover und Braunschweig. 1988-1989 Rechtsdezernent bei der Stadt Hannoversch Münden. Seit 1989 Vorsitzender des SPD-Unterbezirks Göttingen. Von 1990-2005 Mitglied des Niedersächsischen Landtages, von 1998-2003 niedersächsischer Minister für Wissenschaft und Kultur. 2003-2005 Wirtschaftspolitischer Sprecher der SPD im niedersächsischen Landtag. Seit 2005 Mitglied des Deutschen Bundestages. Unter anderem Mitglied des Vermittlungsausschusses, des Ältestenrats, des Richterwahlausschusses sowie des Parlamentarischen Kontrollgremiums. Seit 2007 Erster Parlamentarischer Geschäftsführer der SPD-Bundestagsfraktion.

THOMAS PETERSEN: Geboren 1968 in Hamburg. Studium der Publizistik, Alten Geschichte und Vor- und Frühgeschichte in Mainz. Promotion zum Thema »Das Feldexperiment in der Umfrageforschung«, Habilitation über das Thema »Die Wirkung von Bildsignalen in der Medienberichterstattung auf die Meinungsbildung der Bevölkerung«. 1990-1993 Journalist beim *Südwestfunk-Fernsehen* in Mainz, 1993–1999 wissenschaftlicher Assistent, seit 1999 Projektleiter am Institut für Demoskopie Allensbach. Seit 1996 Lehraufträge an verschiedenen Universitäten, z. Zt. an der Universität Mainz, der Technischen Universität Dresden und der Donau-Universität Krems. 2008-2010 Präsident der *World Association for Public Opinion Research*. Sprecher der Fachgruppe »Visuelle Kommunikation« der Deutschen Gesellschaft für Publizistik- und Kommunikationswissenschaft.

MARTIN REITZ: Geboren 1966 in Hofgeismar. Studium des Wirtschaftsingenieurswesens an der TU Darmstadt und der *Stanford University*. 1995 Promotion zum Dr. rer. pol. Ab 1996 *Mergers & Acquisitions Professional* bei SMH und Dresdner Kleinwort Benson in Frankfurt, anschließend CFO der Concept AG bis 2001. 2001-2009 *Managing Director,* ab 2007 zusätzlich *Joint Head Investment Banking* bei der UBS in Frankfurt. Seit Juni 2009 Vorsitzender der Geschäftsführung von Rothschild in Deutschland.

ROMAN WEIGAND: Geboren 1976 in Frankfurt am Main. Während des Studiums der Germanistik, Philosophie und Musikwissenschaften in Frankfurt erste Erfahrungen als freier Journalist bei der Frankfurter Neuen Presse und Lektoratspraktika bei der Wissenschaftlichen Buchgesellschaft in Darmstadt und den *Éditions Gallimard* in Paris. 2005 hospitierte er bei der Rhein-Main-Zeitung der Frankfurter Allgemeinen Zeitung, für deren Kulturseiten er im Anschluss als freier Mitarbeiter Theaterkritiken schrieb. Nach einem Volontariat in der Presseabteilung des Frankfurter Eichborn Verlags Presse-Referent für die von Hans Magnus Enzensberger begründete Buchreihe »Die Andere Bibliothek«. Seit Oktober 2008 zuständig für die Presse- und Öffentlichkeitsarbeit der Herbert Quandt-Stiftung.

VOLKER WISSING: Geboren 1970 in Landau in der Pfalz. Studium der Rechtswissenschaften, 1994 Erstes Juristisches Staatsexamen, Rechtsreferendariat, 1996 Zweites Juristisches Staatsexamen. 1997 Promotion im Umweltrecht. 1997 Ernennung zum Richter. Tätigkeit am Landgericht Zweibrücken, der Staatsanwaltschaft und dem Amtsgericht Landau. 2000 bis 2004 persönlicher Referent des rheinland-pfälzischen Justizministers Herbert Mertin (FDP). Seit Januar 2004 Mitglied des Deutschen Bundestages, seit 2007 Mitglied des FDP-Bundesvorstandes, seit 2010 finanzpolitischer Sprecher der FDP-Bundestagsfraktion. Seit Mai 2011 Vorsitzender der FDP Rheinland-Pfalz und stellvertretender Vorsitzender der FDP-Bundestagsfraktion.

Das Sinclair-Haus-Gespräch: Offener Gedankenaustausch im kleinen Kreis

32. Sinclair-Haus-Gespräch

am 04./05.05.2012 in Bad Homburg v. d. H.

Teilnehmer

Ataman, Ferda; Referatsleiterin, Antidiskriminierungsstelle des Bundes, Berlin

Conze Prof. Dr., Eckart; Professor für Neueste Geschichte, Philipps-Universität Marburg, Marburg

Di Fabio Prof. Dr. Dr., Udo: Bundesverfassungsrichter a.D., Rheinische-Friedrich-Wilhelms-Universität Bonn, Mitglied des Stiftungsrates der Herbert Quandt-Stiftung, Bonn

Eichert Dr., Christof; Vorstand der Herbert Quandt-Stiftung, Bad Homburg

Foullong, Uwe; ehemaliges Mitglied des Bundesvorstands der Gewerkschaft Ver.di, Berlin

Fritz, Fiona; Stud. phil. an der Albert-Ludwigs-Universität Freiburg, Freiburg

Gauly Dr., Thomas; Unternehmensberater, Mitglied des Stiftungsrates der Herbert Quandt-Stiftung, Frankfurt/Main

Heraeus Dr. h.c., Beate; Vorstandsvorsitzende der Heraeus Bildungsstiftung, Hanau

Huber Prof. Dr., Wolfgang; ehem. EKD-Ratsvorsitzender und Bischof von Berlin-Brandenburg, Vorsitzender des Kuratoriums der Stiftung Garnisonkirche Potsdam, Berlin

Kämmerer Prof. Dr., Annette; Apl.-Professorin am Psychologischen Institut der Ruprecht-Karls-Universität Heidelberg, Heidelberg

Klatten, Susanne; Unternehmerin, Stiftungsratsvorsitzende der Herbert Quandt-Stiftung, München

Kohl, Thomas; Maler, Geilnau/Lahn und Düsseldorf

Kühl, Julia; Internatsschule Schloss Hansenberg, Geisenheim/Johannisberg

Landsberg, Kaija; Gründerin/Geschäftsführerin Teach First Deutschland, Berlin

Lengsfeld Dr., Philipp; Director Global Medical Affairs Radiology BayerHealthCare, Berlin

Lengsfeld, Vera; Bundestagsmitglied a. D., Bürgerrechtlerin, Publizistin, Berlin

Löffler Dr., Roland; Leiter des Themenfeldes »Bürger und Gesellschaft«, Herbert Quandt-Stiftung, Berlin

Mentzer Dr., Alf; Leiter der hr2-Literaturredaktion, Hessischer Rundfunk, Frankfurt/Main

Müller Dr., Reinhard; Redakteur der FAZ, Frankfurt/Main

Oppermann, Thomas; Erster Parlamentarischer Geschäftsführer der SPD-Bundestagsfraktion, Göttingen

Petersen Dr., Thomas; Projektleiter, Institut für Demoskopie Allensbach

Reitz Dr., Martin; Vorsitzender der Geschäftsführung, Rothschild Group, Frankfurt/Main

Schäfer Prof. Dr., Hermann; Ministerialdirektor im Bundeskanzleramt a. D., Mitglied des Stiftungsrates der Herbert Quandt-Stiftung, Bonn

Schenck zu Schweinsberg, Donata Freifrau v.; Vizepräsidentin des Deutschen Roten Kreuzes, Berlin

Schwarz-Boenneke Dr., Bernadette; Leiterin Themenfeld »Trialog der Kulturen«, Herbert Quandt-Stiftung, Bad Homburg

Weigand, Roman; Leiter der Presse- und Öffentlichkeitsarbeit, Herbert Quandt-Stiftung, Bad Homburg

Wissing, Dr., Volker; Stellvertretender Vorsitzender der FDP-Bundestagsfraktion, Landesvorsitzender der FDP Rheinland-Pfalz, Mainz

Sinclair-Haus-Gespräche

Themen

1. Welt im Umbruch: Können Demokratie und Marktwirtschaft überleben?
November 1993

2. Verwildert der Mensch? Voraussetzungen gesellschaftlicher Ordnung
April 1994

3. Quo vadis? Deutschland nach einem besonderen Wahljahr
Dezember 1994

4. Kulturen im Konflikt – Die Bestimmung Europas
März/April 1995

5. Kultur als Machtinstrument
Dezember 1995

6. Globale Wirtschaft – nationale Sozialpolitik: Wie lange geht das noch gut?
April 1996

7. Löst sich die Industriegesellschaft auf?
November 1996

8. Europa nach der Wirtschafts- und Währungsunion
April 1997

9. Russland – wohin?
Dezember 1997

10. Leben – um welchen Preis?
April 1998

11. Trialog der Kulturen im Zeitalter der Globalisierung
Dezember 1998

12. Vom christlichen Abendland zum multikulturellen Einwanderungsland?
April 1999

13. Die Zukunft des Gewesenen – Erinnern und Vergessen an der Schwelle des neuen Millenniums
November 1999

14. Die stille Revolution – Geschlechterrollen verändern sich
April 2000

15. Kapitalismus ohne Moral? Ethische Grundlagen einer globalen Wirtschaft
November 2000

16. Europas Verfassung – Eine Ordnung für die Zukunft der Union
Mai 2001

17. Wem gehört der Mensch?
November 2001

18. Brücken in die Zukunft – Museen, Musik und darstellende Künste im 21. Jahrhundert
April 2002

19. Afrika – der vergessene Kontinent?
November 2002

20. Medien in der Krise
Mai 2003

21. Jenseits des Staates? »Außenpolitik« durch Unternehmen und NGOs
November 2003

22. Gesellschaft ohne Zukunft? Bevölkerungsrückgang und Überalterung als politische Herausforderung
Mai 2004

23. Mut zur Führung – Zumutungen der Freiheit. Wie wahrheitsfähig ist die Politik?
November 2004

24. Europa und Lateinamerika – Auf dem Weg zu strategischer Partnerschaft?
April 2005

25. Unternehmerischer Patriotismus in Zeiten globaler Märkte
November 2005

26. Die Zukunft der gesellschaftlichen Mitte in Deutschland
Mai 2006

Gedankenaustausch vor dem Sinclair-Haus

27. Die Mitte als Motor der Gesellschaft – Spielräume und Akteure
April 2007

28. Wege zur gesellschaftlichen Mitte – Chancen, Leistung und Verantwortung
April 2008

29. Aspekte gesellschaftlicher Mitte in Europa – Annäherungen und Potentiale
April 2009

30. Vertrauen und das soziale Kapital unserer Gesellschaft
April 2010

31. Autorität in der Moderne – Neue Formen, andere Akteure?
Mai 2011

32. Freiheit – Sicherheit – Gleichheit. Perspektiven für unsere Gesellschaft
Mai 2012

Die Herbert Quandt-Stiftung und die Sinclair-Haus-Gespräche

Herbert Quandt-Stiftung

Den Bürger stärken – die Gesellschaft fördern

Gestiftet als Dank für die Lebensleistung des Unternehmers Dr. Herbert Quandt setzt sich die Herbert Quandt-Stiftung für die Stärkung und Fortentwicklung unseres freiheitlichen Gemeinwesens ein. Ausgangspunkt ihres Handelns in den Satzungsbereichen Wissenschaft, Bildung und Kultur ist entsprechend diesem Vorbild die Initiativkraft des Einzelnen und die Einsatzbereitschaft für Andere. Die Stiftung will mit ihrem Wirken dazu beitragen, das Ideal des eigenständigen Bürgers zu fördern: Sie möchte Menschen anregen, ihre individuellen Begabungen zu entfalten und Verantwortung für sich sowie für das Gemeinwesen zu übernehmen.

Die Stiftung ist grundsätzlich operativ tätig in Form von längerfristigen Programmen. Sie greift gesellschaftspolitische Themen auf, erschließt sie in Kooperation mit der Wissenschaft, entwickelt praktikable Lösungsansätze und bringt sie in das Bewusstsein der Öffentlichkeit und der Politik. Sie möchte damit auch die politische Kultur unseres Landes fördern. Je nach Erfordernis setzt die Herbert Quandt-Stiftung auf Bündnisse mit anderen Institutionen und Organisationen, um den gesamtgesellschaftlichen Dialog zu befördern sowie Andere zu ermutigen, die Anliegen der Stiftung aufzunehmen und weiterzutragen.

Isaak von Sinclair

Isaak von Sinclair (1775-1815) war Berater und enger Vertrauter des Landgrafen von Hessen-Homburg, dessen Interessen Sinclair u. a. auf dem Wiener Kongress vertrat. Sinclair war aber nicht nur Beamter und Diplomat, sondern auch Intellektueller und Poet. Seine idealistische Philosophie und die seines Freundeskreises, dem Hegel, Schelling und Hölderlin angehörten, waren von der geistigen und politischen Auseinandersetzung im Gefolge der Aufklärung und der Französischen Revolution geprägt.

Sinclair war Hölderlin insbesondere während dessen schwierigen Lebensphasen ein hilfreicher Freund. Als »edler Freund des Freundes« gewährte Sinclair dem Dichter Zuflucht, finanzierte seinen Lebensunterhalt und kümmerte sich um den Kranken.

Sinclair-Haus-Gespräche

1978 erwarb die ALTANA AG das Haus, das den Namen Isaak von Sinclairs trägt. Das dem Bad Homburger Schloss gegenüber gelegene Haus wurde in der Schönheit seiner ursprünglichen Barockform restauriert.

Seit 1993 finden hier die Sinclair-Haus-Gespräche statt, in denen die Herbert Quandt-Stiftung internationale Persönlichkeiten aus Wirtschaft, Wissenschaft, Kultur, Politik und den Kirchen zum Gespräch über die grundlegenden Fragen der Gegenwart mit dem Ziel zusammenführt, gemeinsam trägfähige Ansätze für Problemlösungen zu entwickeln. Die Begegnungen erfolgen in einem geschlossenen Kreis von etwa 25 Teilnehmern und dienen so einem offenen Gedankenaustausch. Die Ergebnisse werden veröffentlicht, um den gewonnenen Erkenntnissen über den Teilnehmerkreis hinaus Resonanz zu verschaffen.

Teilnehmerrunde im Sinclair-Haus

Bildnachweis

Titel: Mika Schmidt
S. 3, 6, 9, 72, 73, 113, 114, 117, 121-131, 133: Mirko Krizanovic
S. 11, 15, 35, 41, 47, 63, 67, 78, 82, 85: Mika Schmidt
S. 54: picture alliance/Ferhat Bouda
S. 71, 75, 88, 99, 105, 111: picture alliance/dpa

Impressum

HERAUSGEBER
Herbert Quandt-Stiftung
Am Pilgerrain 15
61352 Bad Homburg v. d. Höhe
www.herbert-quandt-stiftung.de

VERLAG
Verlag Herder GmbH
Hermann-Herder-Str. 4
79104 Freiburg
www.herder.de

TEXTREDAKTION
Dr. Christof Eichert
Stephanie Hohn

LEKTORAT
Stephanie Hohn
Eva Lang

GESTALTUNGSKONZEPT
Stählingdesign, Darmstadt

SATZ UND BILDBEARBEITUNG
Arnold & Domnick, Leipzig

HERSTELLUNG
freiburger graphische betriebe · fgb

© Herbert Quandt-Stiftung
Alle Rechte vorbehalten.
November 2012

ISBN 978-3-451-30670-9